Basílica de la Santa Croce. (1294-1385). Florencia.

Sepulcro de Nicolás Maquiavelo en la Basílica de la Santa Croce, Florencia.

UN RÉQUIEM PARA MAQUIAVELO

PRÓLOGO

Los héroes de la antigüedad realizaban grandes hazañas con el fin de alcanzar la inmortalidad y el reconocimiento de los dioses, aunque con ello se les fuera la vida en el intento, como Aquiles frente a las murallas de Troya; sin embargo, el político florentino Nicolás Maquiavelo con un pequeño libro de unas pocas decenas de folios, y escrito en poco más de tres meses, logró que su nombre llegase hasta nuestros días y traspasase la barrera del tiempo y el olvido.

Maquiavelo no era hijo de Dioses como Aquiles de Tetis y el valiente humano Peleo, o Hércules del propio Zeus y la hermosa Alcmena. Era solo un ciudadano de la imperfecta República de Florencia, de humilde cuna, sin dotes ni intenciones de realizar heroicidades, escaso de recursos y sin otros atributos más que su inteligencia, su ojo crítico y observador y su facultad para conocer las intenciones y el proceder de los hombres, sobre todo en la *"misteriosa"* y poco asequible *política*, y en el arte o mal arte de gobernar.

Él no se propuso ser héroe, puede que no lo sea, pero después de 500 años se le recuerda en todas partes y sobre todo en ese vocablo atribuido o derivado de su apellido, *"maquiavélico"*, sin que él fuera un tipo maquiavélico más que cualquier hombre de su época y de nuestros tiempos.

Él no combatió valientemente contra los troyanos, ni siquiera en las frecuentes luchas internas entre los italianos de entonces, ni mató a Héctor en combate, ni siquiera a un posible rival florentino con una afilada daga, pero si lo hizo con las armas que tenía a su alcance: su pensamiento claro y superior, sus palabras convincentes, la diplomacia y la política, por Florencia y por Italia, aunque también se conmovió del enemigo vencido como hizo Aquiles con Príamo cuando le devolvió el cadáver de su hijo Héctor para que éste recibiera las honras fúnebres propias de su linaje. Maquiavelo, de igual forma, cuando se rindió Pisa evitó el ultraje y saqueo de la ciudad y el sufrimiento de sus ciudadanos.

Hércules limpió los Establos de Augías en un solo día, pese a que llevaban años recibiendo excrementos de ganado, en lo que constituye una de sus grandes hazañas. Maquiavelo descorrió el manto velado que ocultaba la conducta hipócrita de los gobernantes, exponiendo los secretos de la política para exhibirla desnuda, como diosa vestal y que pudiese ser comprendida y realizada por todos.

Pero Maquiavelo no se consideraba un héroe mitológico,

ni siquiera un héroe humano, y conocía muy bien sus limitaciones, era consciente de ellas y me hubiese censurado por ingenuo y arrogante nada más leer estos primeros párrafos. Más bien consideraría que con estas alabanzas estoy siguiendo su juego de hipocresía y que fui un buen discípulo o lector de *el príncipe,* al esconder mis verdaderos sentimientos de repulsa a algunas de sus sentencias.

En esto puede que no se equivocara, porque escribió y sugirió cosas muy crudas, algunas malévolas, y desveló las miserias y bajezas humanas necesarias para gobernar y alcanzar los objetivos del poder, tal vez como nadie se hubiese atrevido hasta entonces; por eso cuando intentamos alabarlo al final lo censuramos, y cuando intentamos censurarlo entonces lo alabamos y descubrimos lo positivo de su obra, porque el autor de *el príncipe* confunde como lo hizo con Federico el Grande, que en vez de escribir un *Antimaquiavelo* tratando de desvirtuar y criticar su obra, más bien lo que hizo fue proclamar un *pro Maquiavelo.*

No fue un hacedor de príncipes tiránicos, aunque algunos consideran que los prototipos más famosos de este lamentable gremio surgieron por seguir sus consejos; pero se equivocan, porque ya existían de hacía mucho y porque aun pueden seguir surgiendo, mientras estén presentes las condiciones objetivas y subjetivas que le permitan gobernar. Más bien, sí, fue el padre político de una de las repúblicas menos imperfectas de la edad moderna: los Estados Unidos de Norteamérica, cuya estabilidad, sobre todo su parca constitución, prevalece por más de 200 años, y en que sí sus padres habían estudiado sus obras, incluso sus políticos actuales como Henry Kissinger.

Todo hace indicar que Napoleón Bonaparte llevaba siempre consigo un ejemplar de *el príncipe*, la obra más polémica de Maquiavelo, y escribió en él anotaciones sobre su contenido, no pintando a éste como un hombre cruel y monstruoso, sino más bien ingenuo y que se quedaba corto en su apreciación sobre el uso de la maldad y el engaño.

Es Nicolás Maquiavelo pues, una figura controvertida de la historia, lo que nadie quiere ser o aspirar a ser, pero que al final algo se ve obligado a practicar, sobre todo los gobernantes. Su pensamiento está presente en esa doctrina capitalista sobre la competencia que inunda imperceptiblemente los sistemas educativos occidentales despojándolos, o limitando la formación de elevados valores éticos en los individuos, relacionados con la amistad, el compañerismo, la humildad, el humanismo, la compasión y la sinceridad, que se ven subordinados a la necesidad de competir y triunfar a toda costa, independientemente de los medios que se empleen, tal como aconsejaba, pero en política, a Lorenzo II de Médicis el joven.

Condenado el contenido de sus obras por la religión, y las

clases más conservadoras de todos los tiempos, sus restos, si lo son, descansan en la Basílica de la Santa Croce de Florencia, junto a los hombres más venerados de la ciudad del Renacimiento: Miguel Ángel y Dante, entre otros, y es lugar visitado por personas de todas las nacionalidades, independientemente de su raza, color o creencias religiosas: cristianos y laicos, asiáticos, africanos, americanos de toda América, también de Australia y Oceanía, en fin, de todos los lugares y rincones del planeta, y ahí está Nicolás Maquiavelo observándolos desde la eternidad con su sonrisa de la Mona Lisa, que no se sabe si es de burla, conmiseración, o tristeza.

UN RÉQUIEM PARA MAQUIAVELO
I. UN POLÍTICO DEL RENACIMIENTO.

"Tanto nomini nullum par elogium Nicolaus Machiavelli"

("Está más allá de todo elogio el nombre de Nicolás Maquiavelo")

INTRODUCCIÓN

En el interior de la Basílica de la Santa Cruz de la ciudad de Florencia, se encuentran varios sepulcros conteniendo los restos de los que en vida fueron relevantes figuras en diferentes campos de la actividad humana: artes, ciencias, política, filosofía, entre otros. Estas insignes personalidades dejaron un importante legado artístico e intelectual para la humanidad y dentro de ellas sobresalen los nombres del poeta Dante Alhieri, autor de una de las obras más importantes de la literatura universal: la Divina Comedia y padre de la lengua italiana tal como la conocemos hoy en día, Miguel Ángel Buonarroti el pintor de los monumentales frescos del techo de la Capilla

Sixtina y escultor de la hermosa figura que escandalizó a muchos en su tiempo por su provocativa desnudez, pero que es una de las estatuas mejor diseñada por artista alguno a lo largo de la historia de la humanidad, nos referimos al David, que más que una obra de arte, resume las vicisitudes de la historia y el quehacer artístico en la Italia renacentista. También se encuentra el sepulcro de Galileo Galilei, uno de los físicos y matemáticos más relevantes de todos los tiempos, padre de la Astronomía a la que dotó del telescopio y célebre por su frase "...pero se mueve", relativo al movimiento de la Tierra alrededor del Sol, y victimario en aquel momento del tribunal de la Santa Inquisición. De estas figuras no hay nadie que pueda cuestionar su presencia allí y hacen de Florencia una ciudad fértil en la producción de personalidades relevantes de la historia.

Hasta aquí todo parece bien, pero hay un monumento que muchos de los sectores más conservadores y puritanos de la sociedad podrían cuestionar, o han cuestionado, y puede que aun duden de si debe encontrarse en este recinto, o incluso enterrado en tierra santa. ¿De quién es y qué hizo por la humanidad y por qué su cuestionamiento? Puede que esto haya sido y aun sea un gran dilema entre los sectores más conservadores de la sociedad, pues corresponde nada más y nada menos que a Nicolás Maquiavelo, de cuyo nombre deriva el adjetivo "maquiavélico", algo así como manipulador, astuto, cruel, engañoso, traidor y cuanta bajeza humana se le pueda asignar a un calificativo, y siempre quedará lugar para algo más. Pero entonces ¿por qué esa adoración con este personaje? y si fue en vida una persona así como se deriva de su apellido ¿por qué sus restos descansan allí, en pleno terreno sacrosanto, junto a insignes personajes de la historia relacionados con la cuna del Renacimiento?

Las anteriores son preguntas que se pueden hacen muchos sin conocer a ciencia cierta qué realmente fue lo que hizo o escribió Maquiavelo, lo que trataremos de desvelar a continuación, en una tarea al parecer nada fácil, la de interpretar la esencia de su obra a través de su complejo perfil humano y su ambiguo y poco convencional código ético y político, si se puede hablar de una doctrina, o un sistema filosófico, moral o político, para un hombre para el cual cualquier acción humana podría estar dentro de su código, fuese circunstancialmente mala o buena, según su utilidad para determinados fines previstos, pero que realmente, en lo personal, no practicó nada, o muy poco de estos males asociados con su nombre. Tan solo intentó pintar, describir y detallar cómo eran y actuaban, o debían actuar los hombres, fundamentalmente en el campo de la política, esto es, los gobernantes, tal como lo podría hacer un narrador deportivo, que indica cómo deben jugar los futbolistas, que al final son los que aciertan, o fallan el gol.

Decimos intentó, y muy a grosso modo lo comparamos con un narrador deportivo porque como hacen éstos, que además de detallar el espectáculo, indican cuál o cómo debía actuar un deportista ante una situación determinada, algo así hizo Nicolás Maquiavelo, solo que fue con los Príncipes, los gobernantes que inciden con sus acciones sobre el bien o el mal de un pueblo, por lo que cualquier equivocación en este sentido no termina como lo hace un simple partido de fútbol, sino que puede traer consecuencias nefastas o impredecibles para la vida y el destino de muchas personas, incluso un país o varios países.

Antes de continuar, es justo destacar que nadie ha recibido tantas ofensas y su nombre ha sido tan vilipendiado como el de Nicolás Maquiavelo, símbolo de la maldad, el engaño, el crimen, la traición, la astucia, el magnicidio y cuanto epíteto ofensivo se pueda dar para calificar una persona. ¿Pero todo eso es cierto, fue realmente Maquiavelo un genio *maquiavélico* y un promotor del crimen y el engaño? Pues no, cualquier Príncipe italiano, dictador circunstancial de su época, carga sobre sus espaldas más crímenes en horas, que los que pudo acumular en toda su vida el aclamado Secretario de la Cancillería de la República de Florencia, cuna de las artes y el progreso, ciudad primada en toda la época del Renacimiento.

Y es que el Canciller de Florencia, si se le pudiese dar ese título, que nunca ostentó por nombramiento oficial, pero que en la práctica ejecutó con relativa frecuencia, pues generalmente realizó sus hábiles y discretas actividades políticas y diplomáticas, como un simple secretario más del Consejo de la República, pudo compartir y hasta ser amigo y apologista de crueles gobernantes, incluso justificar y hasta defender sus acciones, pero no fue ni la ínfima parte de lo que se le atribuye. A más de sufrir, él mismo, en carne propia, y sin culpa, las torturas crueles y habituales de la época, cosa que asimiló con la mayor valentía, sin caer en delaciones que pudiesen crear *cacerías de brujas* cuando se instauraba un nuevo gobierno y se derrocaba una de las pocas repúblicas de la época, aunque imperfecta como muchas, incluyendo posteriores.

Su crimen, por lo que podía haber sido juzgado, es que expresó con toda naturalidad y libre de ambigüedades lo que hacían los gobernantes de los principados italiano y de otros países vecinos, y por consiguiente los de los demás reinos de la época. No fue un "monstruo" más que cualquier diplomático o político de su época; pero dibujó todo aquel espectáculo, a veces macabro, con una maestría y naturalidad pasmosa, así como lo que debían hacer los príncipes para triunfar en la carrera hacia el poder, o para mantener éste, a veces acompañado, o transitando por caminos cubiertos de sangre e ignominia.

Para Maquiavelo, entonces como el mismo escribe: *"Todos los medios son buenos, con tal de defender la patria; si se trata de deliberar sobre su suerte, no hay que detenerse ante ninguna consideración de justicia o injusticia, de humanidad o crueldad, de vergüenza o de gloria; el punto esencial, que debe primar sobre los demás, es asegurar su salvación y su libertad".*

Pero esto que escribe para con la patria lo hace también con los *gobernantes: "...un príncipe no debe preocuparse porque lo acusen de cruel, siempre y cuando su crueldad tenga por objeto el mantener unidos y fieles a los súbditos; porque con pocos castigos ejemplares será más clemente que aquellos que, por excesiva clemencia, dejan multiplicar los desórdenes, causas de matanzas y saqueos que perjudican a toda una población".*

¿Consideraba entonces el político del Renacimiento que la justicia, o injusticia, la humanidad o crueldad, no eran buenas ni malas en sí, sólo lo eran en función del modo en que se empleaban, según las circunstancias? Visto así, de forma simple, se pueden extraer conclusiones algo alejadas de la realidad, sobre todo de la época. Porque Nicolás Maquiavelo, Secretario en la República de Florencia, no fue un personaje "maquiavélico" en la justa acepción que se le da a la palabra y que la posteridad asoció a su nombre como símbolo de las infamias, mezquindades, miserias y crueldades humanas. Muy por el contrario, fue un patriota que amó e hizo lo que pudo por mantener la independencia de su pueblo, y con esto puede que sea suficiente reconocimiento para que sus restos reposen junto a algunos de los más ilustres hijos de Florencia en la Basílica de la Santa Cruz, bajo el mismo techo que Miguel Ángel Buonarroti, el afamado escultor y pintor de los frescos de la Capilla Sixtina en el

Vaticano, que hizo con los hombres en el arte lo mismo que el diplomático en política, desnudar sus figuras con valentía y en las mismas narices de la sociedad y de la Iglesia, para que todos pudiesen ver al cuerpo humano y el de los dioses con sus torsos desnudos.

También descansa en la Basílica de la Santa Cruz Dante Alhiere, que desnudó y describió el infierno tal como lo percibía artísticamente en su cabeza a través de las páginas de su famoso poema: "La Divina Comedia", en el que fue capaz, con su imaginación, de bajar hasta los mismísimos infiernos, para luego el poeta en vida ser expulsado de su patria por sus ideas avanzadas para el contexto de la época y morir triste y pobre en el destierro, alejado de Florencia.

Tres personalidades que desnudaron cosas diferentes, la política y el Estado moderno, la naturaleza y el cuerpo humano, y las cuestiones divinas. Se puede sumar un cuarto gran hombre originario de Pisa, ciudad cercana a Florencia en la Toscaza: Galileo Galilei que desnudó el cielo y atisbó el Sistema Solar con su telescopio para demostrar, aunque ya lo había esbozado Copérnico, que la Tierra no era el centro del universo conocido en aquella oscura época, sino el Sol, y que otros planetas tienen lunas como la Tierra y que el cielo no es lo que se pensaba.

Ninguno de estos genios acudió a la religión ni a la Iglesia para justificar sus obras, y de ellos mucho menos

Maquiavelo y Galileo, el primero estigmatizado su nombre y su obra tan pronto fue publicada después de su muerte, y el segundo obligado, en público, a retractarse de una verdad indiscutible e irrefutable ante el tribunal de la Santa Inquisición.

No se pretende en el presente ensayo realizar una apología del escritor, genio político, diplomático y filósofo, tampoco una condena a su modo de ser, o de actuar en aquella convulsa época del Renacimiento; pero sí de tratar en alguna medida de esclarecer el enigma de su personalidad y de su obra más cuestionada y emblemática:*"el príncipe"*; y el por qué debe ser justo o no que sus restos estén donde están, que Florencia y el mundo entero, le rinda adoración y culto y que merezca un lugar destacado entre los grandes hombres de la humanidad, pese a sus fallos y errores, por que la justicia basa sus decisiones en una balanza de dos platos, el del bien y el del mal, y juzga a los hombres en el marco de su época, aunque a veces, como en este caso, su pensamiento rebasa los marcos cronológicos y llega hasta nuestros días.

1.-NICOLÁS MAQUIAVELO, UN HOMBRE DEL RENACIMIENTO.

Niccolò Machiavelli, como era su verdadero nombre latinizado, es ante todo un hombre y una figura del Renacimiento, no de tiempos de tranquila bonanza, es de una época de exaltación humana, de ebullición de ideas como el agua fuertemente calentada en el matraz. Y es que la fricción entre la oscura visión cosmogónica social y cognoscitiva de la edad media, bajo el manto de la religión católica y la realidad del quehacer humano en un mundo natural y rebosante de luz, produjo la temperatura suficientemente alta para que las ideas explotaran como las burbujas de aire dentro del agua en ebullición, y escaparan de aquel férreo yugo donde se encontraban enclaustradas, se dispersaron en el aire, en la brisa que mueve las hierbas y las flores en los campos, o el fuerte viento que mece las ramas y las copas de los árboles, y formaron parte de la respiración y el aliento de la tierra y de los hombres.

En un principio, las ideas del Renacimiento tuvieron su base en la antigüedad, cuando el hombre medieval se dio cuenta que había existido una cultura real muy por encima de la oscurantista en que vivía, por lo que de la misma manera que se desenterraban, sin querer o queriendo, los restos físicos de las construcciones de las civilizaciones anteriores, y aparecían figuras u objetos artísticos antiguos, o se desempolvaban de las bibliotecas, o escondidos, libros o relatos conservados de la antigua Grecia y Roma, el hombre medieval tomó conciencia de que aquello, su cultura y modo de vida no iba bien, que había que cambiarlo, por lo que primero que todo trató de recuperar eso, lo antiguo, copiar fielmente lo de antaño, al margen de las limitaciones cognoscitivas en el rígido marco de la sociedad feudal vigente, supervisada y controlada en todo lo que es el mundo espiritual por la fe religiosa.

En el arte arquitectónico, en Florencia, el arquitecto, escultor y orfebre Filippo Brunelleschi, logró la hazaña de construir la cúpula de la Catedral del Duomo, tan grande, compleja e inmensa que había hecho pensar que era imposible que ser humano alguno pudiese realizar una obra tan colosal. Pero lo realizó y en un tiempo record de sólo 16 años (la había comenzado en 1418 y la culminó en 1434), redescubriendo y ampliando las nociones antiguas del arte arquitectónico clásico para dotar a la ciudad de la Toscana del edificio emblemático más grande y complejo de su época, en una realidad imposible de negar, al contemplarse aquella descomunal cúpula hexagonal que se proyectaba a cientos de metros de altura, imposible de ocultar para el ojo humano a muchos kilómetros de distancia, como un desafío a los retrógrados pensamientos y una declaración de independencia humanística imposible de refutar, como para decir: aquí estoy yo y esto no es todo; y puede que aun lo mayor estuviese por llegar, cuando hicieran su aparecieron los gigantes del Renacimiento de la talla de

Leonardo Da Vinci, Miguel Angel Buonarroti y Sandro Botticelli, entre otros.

Pero situándonos aun en Filippo Brunelleschi; en la primera mitad del siglo XV este insigne artista fue mucho más allá, construyó la Basílica de San Lorenzo de Florencia, dotándola de una singular horizontalidad y armonía, también la fachada del Hospital de los Inocentes, entre otras más; y como si esto fuera poco, introdujo la *perspectiva* en los dibujos, de manera que la pintura con esta nueva herramienta adquirió nuevos, variados y hermosos matices, acercándola a la realidad bajo el pincel y el genio de los artistas más grandes de la época, amparados por el mecenazgo de los Médicis, *señores de Florencia.*

Bajo la tutela y el dinero de los Médicis, liberales y amantes del arte, llegó el turno del genial pintor Sandro Botticheli con sus bellísimos y provocativos cuadros: "*La primavera*", "*La adoración de los magos*" y el "*Nacimiento de Venus*". Este último: hermoso y provocador desnudo, sensual y casi erótico, que escandalizó a la Iglesia, como si no fuera bastante con las esculturas del "*David*" de Donatello y más adelante, sobre todo, el mucho más monumental y provocativo "*David*" de Miguel Ángel: desnudo, con el sexo y el cuerpo descubierto en las mismísima puertas del ayuntamiento de la ciudad, para admiración y provocación de todos.

Ya no solo se copiaba y se emulaba la época antigua, sino también se superaba. Aquella ebullición traspasaba el molde del recipiente y como ocurre con el vapor en las calderas de las fábricas cuando no tiene salida, o empuja fuertemente los enormes pistones para producir la energía vital para su funcionamiento, que si no es bien controlado explota e inunda todo el espacio a su alrededor. De todo esto ocurrió en el Renacimiento, y hubo sus víctimas y sus persecuciones, y también momentos que ni el dinero de los Médicis pudo acallar y frenar la reacción religiosa amparada en el fervor de las masas.

Aquello ocurrió cuando apareció en escena Girovano Savonarola, un fraile dominico imbuido con los ideales más nobles y puros de la fe cristiana, que con el apoyo de las masas enfurecidas condenó todo elemento de frivolidad, pero que al mismo tiempo arrastró consigo aquel novedoso espíritu de renovación, y quemó en la plaza muchas de las obras que con tanto esfuerzo y creatividad habían realizado los genios más grandes de la época, junto con trascendentales piezas literarias escritas en la antigüedad y las joyas de la aristocracia, y todo lo que podía ser entendido como pagano y profano para un monje dogmático, simple, primitivo y puritano, que tal vez de buena fe, con la intensión de salvar las almas de los pecadores: esto es de toda Florencia, hacia quemar en la hoguera todo lo que para él podía ser impuro e indigno de Dios, o que pudiese descarriar las ovejas de su congregación y conducirlas hacia el pecado. Allí también, a la "*hoguera de las vanidades*", fueron a parar algunas obras magníficas de Bottichelli y de otros artistas, a más de las joyas de las damas de los Médicis y de los ricos de la ciudad.

Todo aquello lo observaba Nicolás Maquiavelo, al principio tal vez simpatizante de las ideas de Savonarola, aquel monje dominico loco o puritano. Pero al final la racionalidad y capacidad de su intelecto político lo hizo comprender que todo eso era una insensatez, una peligrosa locura y que de la misma manera que las turbas populares exaltadas seguían al religioso, ahora "*Príncipe de la Iglesia*" de acuerdo con sus incipientes teorías políticas, tarde o temprano éste, sin un ejercito que lo resguardara, caería bajo las mismas fuerzas apocalípticas que había despertado, y él también correría la misma suerte y sería quemado en la *hoguera de las vanidades* por los mismos que antes lo apoyaban, pues como había comprendido ya el joven, aun aspirante a político, las opiniones y acciones de los hombres son volubles y cambian de dirección con el cambio del sentido de los vientos.

Aquel exaltado movimiento popular y religioso había provocado la caída del gobierno, tal vez dictatorial de los Médicis, aunque la benevolencia y la personalidad de Lorenzo el Magnífico (1449-1492), habían suavizado hasta hacer ligeramente imperceptible la dureza del mando único y hegemónico de generación tras generación de los *mecenas de Florencia*. De manera que Pietro II de

Médicis ocupó poco tiempo el poder y fue obligado a huir junto a sus hermanos Giovanni y Giulliano cuando se instauró la República de Florencia en 1494.

Después de la muerte del malogrado monje Savonarola, en 1498, y sin los Médicis en la ciudad, la República de Florencia continuó sus andares desordenados en un universo político hostil rodeada por múltiples enemigos, en una Italia desmembrada en diversos principados y ciudades estado luchando encarnizadamente entre si, donde la Iglesia, en vez de arbitro o manager, era un Estado más, los *Estados Pontificios* y lo que se predicaba en los templos de Roma en torno al amor, la caridad, la humanidad, la nobleza, la honradez, la austeridad y lo divino, no se ajustaba en nada a lo que ocurría al mismo tiempo en los campos y en las calles, donde se luchaba a sangre y fuego por el poder, la gloria y la riqueza.

Al mismo tiempo que las almas en las iglesias trataban de alcanzar los cielos, en la tierra combatían encarnizadamente los hombres por alcanzar riquezas y puede que glorias, acudiendo a todas las artes y artimañas amparadas por la astucia, la traición, el terror, el engaño y mucho más, pero todo ajeno al pensamiento y la fe de Cristo.

Y es que resulta que en aquellos tiempos algunos dignatarios religiosos fueron más guerreros y estadistas que defensores de la fe cristiana, y donde la una y la otra podían chocar, prevalecía el interés terrenal individual o colectivo, al divino.

En medio de aquella compleja incertidumbre política accede, entre varios aspirantes, al modesto cargo de Secretario de uno de los Departamentos del Consejo de la República, Nicolás Maquiavelo, como un simple burócrata más entre tantos, sin poder de decisión que está en manos de los altos dirigentes amparados por su riqueza y poder, muchos escasos de talento, solo por su nombre, familia, fortuna, "nobleza", relaciones públicas o de parentesco.

Prácticamente al mismo tiempo que las llamas devoran al mártir Savonarola y a dos monjes dominicos más de sus más fieles seguidores excomulgados y condenados por el Papa Alejandro VI, el no muy joven Maquiavelo, cercano a los 30 años, de cuerpo enjuto, nariz angulada y sonrisa indescriptible, escaso de fortuna y de riquezas, entra al edificio de gobierno de la Cancillería para tomar su sencillo cargo, aunque en su cabeza bullen las ideas políticas más audaces, la de defender Florencia a toda costa de los vecinos rivales y de las potencias extranjeras y con un objetivo aun mayor, el de luchar por la unificación de Italia, y aunque sabe que para él es una meta imposible de alcanzar, sí considera que lo podría realizar algún Príncipe o político poderoso, que se dejase guiar y aconsejar sabiamente para lograr, al igual que en los viejos tiempos, una Italia fuerte y unificada que pueda hacer frente a las grandes potencias extranjeras, que humillan con frecuencia a los principados y ciudades de la península, entrando y saqueando sus campos y ciudades cada vez que les viene en gana: Francia, España, Alemania y los mercenarios Suizos.

Esto es lo que en el fondo ansía aquel joven cuando en julio de 1498 entra en el palacio Biachhi, es lo que aspira como hombre y figura del Renacimiento: la independencia de Florencia y la unificación de Italia; y en esa dirección luchará con todas sus fuerzas el resto de su vida, aunque no lo pueda alcanzar. No tiene riquezas, ni proviene de una familia florentina de renombre, tiene 29 años, pero posee lo que le falta a los demás: el desinterés material y la inteligencia más clara del pensamiento político del Renacimiento, y aunque todo es y le será adverso, confía, en al menos, señalar el camino a seguir en el bosque impenetrable de las individualidades políticas italianas de la época, para que si no lo logra, al menos otros lo hagan, ahora o más adelante; y ese adelante fue trescientos años después por otro *"Príncipe"*: Giussepe Garibaldi, cuando desde hacía mucho los restos de Nicolás Maquiavelo se hallaban honrados en un sepulcro de la Basílica de la Santa Cruz de Florencia.

2.-SITUACIÓN POLÍTICA EN ITALIA A FINALES DEL SIGLO XV Y PRINCIPIOS DEL XVI.

En los años finales del siglo XV y albores del XVI, Italia se encontraba dividida en múltiples estados, algunos de ellos muy pequeños, prácticamente del tamaño de una ciudad, o de un Castillo con una pequeña comarca asociada; otros eran reinos o repúblicas más poderosas como Venecia, Milán, Nápoles y Florencia, entre otros.

Florencia, ubicada en la rica región de la Toscana no era tan débil y pequeña, aunque tampoco era la de las más poderosas de la península itálica. Sobresalían sobre ella la República de Venecia (La Serenísima), el Ducado de Milán, los Estados Pontificales y el Reino de Nápoles. Este último muy poderoso al estar asociado con el Reino de Aragón, o de Francia, según las recientes disputas hereditarias que fueron pretexto para las invasiones de Carlos VIII y Luís XII de Francia.

El pequeño en tamaño, pero poderoso Carlos VIII de Francia, llamado también "el afable" había invadido Italia alegando un problema sucesorio relacionado con el Reino de Nápoles en poder de España. Su entrada en la península se realizó con la inanición del resto de los estados italianos y se había paseado libremente por ésta, hasta tomar Nápoles, luego de atravesar la Toscana con

24

las picas bajas, puede que más por el temor de las predicciones apocalípticas de Savonarola, que por las acostumbradas contribuciones económicas que hacía Florencia en casos semejantes, cuando no podía enfrentar con las armas al agresor y en este caso había sido demasiado elevada. También había pasado por Roma, donde se dejó engañar y engatusar por el hábil Papa Alejandro VI (Rodrigo Borgia), pero descuidados sus abastecimientos, afectados por las epidemias y un grupo mayor de contratiempos, el pequeño, pero poderoso Rey había abandonado Italia prácticamente derrotado, cuestión que en su momento analizaría Maquiavelo para demostrar lo que no debía hacer un Príncipe en semejantes circunstancias.

Quien mejores habían salido beneficiados con la conquista italiana de Carlos VIII fueron los Estados Pontificales, que ahora liderados por una controvertida, astuta, inteligente y sanguinaria figura, relevante en la historia: César Borgia, Duque de Valentino, e hijo de su Santidad, el Papa Alejandro VI, estaba reorganizando y ampliando los territorios papales anexándose los reinos vecinos. Su avance era rápido y arrollador, y si no hubiesen ocurrido eventos poco fortuitos relacionados con la repentina muerte del Pontífice: de manera natural, por fiebres palúdicas, o por envenenamiento, como piensan algunos, tal como era frecuente en aquellos tiempos, hubiese aspirado a ser la figura que añoraba Maquiavelo para unificar Italia, pese a que podía demostrar extrema crueldad e inhumanismo para apartar a cualquiera que pudiese obstaculizar sus propósitos.

Poco después de la salida prácticamente en desbandada de Carlos VIII, que después sería satirizada por Voltaire con aquellas palabras: *"Cuando los franceses de cabeza loca, se fueron a Italia, ganaron torpemente, Génova, Nápoles y la sífilis. Luego los echaron de todas partes, les quitaron Génova y Nápoles, pero no perdieron todo, porque les quedó la sífilis"* y ahora, con el pretexto de un problema sucesorio relacionado con Milán y apoyado por la Serenísima de Venecia, en una jugada políticamente incorrecta por esta última, el sucesor del trono francés, Luís XII paseó de nuevo sus estandartes por Italia, luego de vencer, apoyado por fuerzas suizas mercenarias a Ludovico Sforza, conocido por *"el Moro"* al parecer por la tonalidad relativamente oscura de su piel.

Ludovico Sforza había ascendido al gobierno de Milán, según algunos, luego de encarcelar y asesinar a su sobrino, el verdadero heredero de corta edad, Gian Galeazzo Sforza, por lo que en vez de preceptor se tornó en usurpador y había gobernado el Ducado con mano dura desde entonces, aunque para lavar su imagen o por real gusto, se había rodeado de algunas personalidades artísticas relevantes, tal como el mismísimo Leonardo Da Vinci, pintor, escultor, ingeniero y cuantas cosas más se le pueden achacar a uno, o al más importante de los genios del Renacimiento, a cuyas manos se deben "La Última Cena" y sobre todo el cuadro más famoso de todos los tiempos: "La Mona Lisa" con su enigmática sonrisa llena de contrastes: mitad lamento, mitad ironía.

Los franceses, con un numeroso ejército, apoyados por mercenarios suizos y la Serenísima que estaba interesada en apropiarse de un territorio de escaso valor en Lombardía, según el apoyo dado a los invasores, tomaron la ciudad y echaron de ella a Ludovico Sforza y su familia sometiendo a la ciudad a un férreo gobierno, bajo cuyo amparo en que realizaron numerosos desmanes y destruyeron numerosas obras de arte, algunas del propio Leonardo Da Vinci, como la escultura de su famoso corcel, aún sin acabar.

Ludovico Sforza era un gobernante fuerte que trató de recuperar la ciudad, para ello envió antes de la invasión a sus hijos con sus riquezas al extranjero, él huyó también posteriormente y regresó con numerosos mercenarios suizos bien pagados con el objeto de retomar la ciudad, donde los mercenarios suizos de las tropas francesas que las defendían se unieron a los atacantes mejor pagados de su misma nacionalidad, por lo que el Duque pudo de nuevo hacerse con el control de Milán.

Aquello no fue por mucho tiempo porque de nuevo los franceses, esta vez apoyados en cantones suizos perfectamente organizados, retomaron la ciudad con el beneplácito de nuevo de los mercenarios de este país, que con gusto se rindieron y engrosaron las fuerzas del enemigo, que al parecer ahora pagaba mejor que el Duque. Esta vez Sforza no tuvo tanta suerte y fue apresado cuando huía de la ciudad disfrazado, y se pudrió en una mísera celda, un poco de forma semejante a como dicen había tratado a su joven sobrino.

Esos vaivenes de la política con traiciones, deserciones, y hasta asesinatos, eran comunes en los reinos de aquellos tiempos, y es de suponer que el joven Maquiavelo los haya observado con atención y sacado sus propias conclusiones, que después plasmaría claramente en su famosa obra "el *príncipe*".

Poco tiempo después de entrar en la Cancillería de la República, Maquiavelo pudo conocer y estudiar de primera mano las argucias y comportamiento de los gobernantes italianos y nada más y nada menos que a través de una hermosa y temible mujer, cuando tuvo que negociar con la Condesa de Imola y Forlí, Catalina Sforza, que gobernaba con mano de hierro una ciudad y unos Castillos que conformaban un Reino independiente heredado de su marido, Girolamo Riario, un hombre caracterizado por su extrema crueldad que había sido Capitán General del ejército de los Estados Pontificales bajo el mandato del Papa Sixto IV, su tío.

Girolamo Riario era notorio por su participación en conspiraciones, sobre todo en una contra los Médicis, siendo de las más relevantes la conocida como la de los "Pazzi", que tuvo lugar en la Basílica de la Santa María del Fiori en Florencia, en abril de 1478 y donde fue muerto Giulliano de Médicis hermano de Lorenzo el

"Magnífico", figura atractiva y de renombre en la ciudad, por lo que la población participó en las acciones posteriores de venganza. El nombre de "Pazzi" dado a la conspiración se relaciona con una antigua familia aristocrática y de ricos banqueros de Florencia, rivales de los Médicis y enfrentados con éstos por el control político de la ciudad. Constancia de la condena a los complotados la realizó el joven Da Vinci en un boceto donde aparece colgado uno de los conspiradores, con un realismo que estremece.

Girolamo Riario logró escapar de la condena a los complotados, pero en 1488 pagó éstas y otras numerosas culpas, cuando fue asesinado por los Orsini de Fori, y hay quienes afirman que su propia mujer Catalina participó en el complot del crimen. Comoquiera que Catalina era mujer, a pesar de tener el apellido Sforza y estar emparentadas con éstos, algunos pensaron que era débil y que sería fácil arrebatarle las posesiones heredadas, sobre todo el imponente y bien fortificado castillo de Forli, sin embargo ella los eliminó astuta, cruel y ferozmente, así como más adelante a un segundo marido que intentó también apoderarse de su Reino. Tal era la voluntad, audacia y valentía de aquella mujer.

La Condesa de Forli mostraba tal templanza, fiereza, astucia y crueldad al eliminar a todos los que se le oponían, que se ganó el respeto de los demás principados a más de ser hábil para gobernar y realizar acuerdos y alianzas con los reinos vecinos, tales como el poderoso ducado de Milán de los Sforza, con quien estaba emparentada y enviaba con regularidad soldados y Condotieros (Señores de la guerra al frente de destacamentos de mercenarios).

Atendiendo a su acercamiento a Milán, un Ducado temible y poderoso, los florentinos trataron de mantener un adecuado equilibrio en sus relaciones con la Condesa de Forli por lo que habían acogido a su hijo mayor, Octavio, como Condotiero con un salario altísimo de 15 mil ducados anuales, sin que este hiciera nada para ganarlos, o hubiese mostrado méritos para ello, pues no tenía aptitudes para la guerra, solo para el derroche, como bien conocía su madre que trataba de ocultar sus debilidades y colocarlo en algún lugar relevante, por lo que el convenio se mantenía con los florentinos solo por el hecho de que éstos deseasen mantener las buenas relaciones con ella y sus protectores milaneses

El envío de Maquiavelo, que había descollado como un hábil e inteligente funcionario, a negociar con Catalina Sforza se hizo con la idea de disminuir el elevado salario que cobraba el vástago de la Forli como condotiero inútil, pero la Condesa se mostraba en sus trece y de ser otro el funcionario enviado, lo más probable es que Florencia hubiese tenido que ceder, pero este no era el caso del joven político florentino, que pese a lo delicado de la encomienda, y lo aparentemente poco experto que debía ser en las negociaciones, realizó hábiles maniobras para no efectuar el pago porque en realidad más que eso, según se percató el hábil Secretario, lo que más necesitaba la Condesa era la neutralidad, o el apoyo de Florencia, porque aunque poseía uno de los Castillos mejor fortificados de la región, sabía que las fortalezas tarde o temprano pueden caer, aunque estén defendidas por fieros y aguerridos soldados bien armados y entrenados.

Las historias sobre aquella mujer que Maquiavelo había escuchado, y que pudo conocer de primera mano durante días, lo fueron ilustrando sobre la férrea voluntad que debían poseer los gobernantes en el ejercicio de sus funciones y donde la piedad debía ser escasa o nula, si se ponía en peligro la estabilidad del gobierno.

Más adelante, en el cerco de Pisa, ciudad de la Toscana cercana a Florencia prometida por Luis XII a los florentinos dada su ayuda en dinero y hombres para sus campañas, Maquiavelo pudo comprobar la fragilidad de las promesas de los mandatarios, pues las fuerzas francesas enviadas por el Rey y los mercenarios al mando de famosos Condotieros como Paolo Vitelli, se mostraban negligentes en el combate pese a cobrar onerosos sueldos de la República de Florencia, lo que le hizo pensar que probablemente hiciesen un doble juego con los galos.

Desvelado el posible complot por el hábil secretario, Vitelli fue apresado y juzgado marcialmente en tan breve tiempo que no posibilitó que sus hombres opusieran resistencia, y como eran tropas de soldados de fortuna, al parecer entendieron que no valía la pena pelear y se unieron como mercenarios a otros condotieros, porque el arte de la guerra era un oficio con trabajo permanente y muy bien pagado por principados con gobiernos débiles y sin ejércitos propios, como era el caso de Florencia.

Este hecho observado por Maquiavelo sirvió para hacerlo comprender de la ingratitud y falta de compromiso de los hombres en el terreno político, y a veces también en el militar, y el olvido rápido por éstos de su compromiso con sus jefes cuando estos caían en desgracia, o aparecía alguien con mejores pagas, o con los que creen que se van a encontrar mejor.

Al retornar a Florencia y preocupado por no haber concluido un trato con la Condesa de Forli, Maquiavelo se encontró, por el contrario; en una posición favorable con sus superiores y comprendió entonces que el no obtener los resultados propuestos en una misión no significaba que ésta no fuese cumplida según se consideraba, pues en buena medida, el retrasar los acuerdos, posponerlos, hacer los trámites interminables, formaba parte de la política florentina de la época, y justo en ese sentido la misión de Maquiavelo había sido todo un éxito; pues por el momento la República no se había visto obligada a aportar ni un solo florín, lo que para cualquier florentino de la época hubieses sido considerado como un buen resultado.

Más adelante en sus obras, Maquiavelo retomaría la

historia de esa valiente, inteligente y audaz mujer, lo que inmortalizaría su nombre y su valor, en las difíciles condiciones históricas en que tuvo que gobernar, dada la época que le tocó vivir.

Por razones fortuitas para Maquiavelo e imperiosas para Florencia, éste tuvo que viajar con premura a Francia, a la corte del rey Luis XII, sucesor de Carlos VIII, y aunque debía ser acompañado por un embajador entre los hombres de prestigio y fortuna de Florencia, se quedó solo en la misión para negociar asuntos delicados con el poderoso Rey francés, hombre valiente, pero voluble y temperamental, lo que hacía muy difícil el lograr ventajas o trato preferencial para la ciudad del Renacimiento.

La situación para Florencia era muy delicada y sin exceder un alto sacrificio para la República, ni ponerla en peligro ante los voraces apetitos beligerantes del Señor de Valois, el hábil secretario debía desviar la atención de éste hacia otros objetivos militares, o por lo menos que atendiera a las propuestas de la ciudad primada del Renacimiento.

Por suerte, el gobierno francés contaba entre sus más allegados con un hombre de gran intelecto e influencia sobre el monarca Luis XII, que era el Cardenal Georges d'Ambroise, también Ministro de Estado con plenos poderes, con quien al final tuvo que negociar el propio Maquiavelo, en ausencia de embajador, sin ser nombrado en este cargo, ni aparentemente tener autoridad para hacerlo. Pero las negociaciones para Florencia eran muy importantes y urgentes y no había tiempo para ceremonias, y por otra parte, las buenas relaciones y la empatía con el ministro francés, amante del Renacimiento, permitió al enviado de la Cancillería realizar negociaciones eficaces, porque al final quien prácticamente asesoraba y gobernaba tras el rey era El Cardenal, y éste y era quien dictaba las órdenes en el "*desorden*" de las guerras que libraba el monarca.

Al final a Francia le interesaba más que Florencia cumpliera con el dinero que se había comprometido, y no en apoyar como era debido y cumplir sus promesas en la ayuda para tomar Pisa, que resistió valientemente el ataque de los florentinos con la aparente ayuda de unos franceses prácticamente inexistentes en el combate.

No sería la primera, ni la última vez que los franceses incumplieran sus compromisos, como lo hicieron con su Serenísima de Venecia que accedió a ayudarlos en la toma e invasión del Ducado de Milán a cambio de la adquisición de unos territorios en Lombardía, y al final vieron peligrar su estabilidad e independencia obtenida y defendida con éxito y tenacidad por cientos de años, incluso contra el poderoso imperio otomano. Tan pronto los franceses ocuparon Milán se aliaron con el papa Julio II y atacaron Venecia que no pudo soportar la guerra con tan poderosos enemigos.

La estancia en Francia llena de necesidades para un

hombre pobre como Maquiavelo, que tenía que representar a los florentinos en banquetes, paseos, recorridos y audiencias, no fue óbice para que los franceses cayeran en las redes y argucias que les tendió el hábil secretario relacionadas con dirigir la atención hacia un nuevo y poderoso enemigo que surgía de los estados pontificales: César Borgía, Duque de Valentinois, el hijo del Papa, que con gran audacia e intuición militar se fortalecía y conquistaba la Romaña y con quien los franceses tenían lazos de compromiso, pues Alejandro VI había autorizado el divorcio del monarca años antes con Juana de Valois, y en cuyas negociaciones este último, ni corto ni perezoso, envío a su hijo, el entonces Cardenal César Borgia, que obtuvo muchas ventajas para la Santa Sede y para sí mismo, con un matrimonio concertado con una Duquesa de la rancia aristocracia de Navarra y el título otorgado por el Rey de Duque de Valentinois.

Las valoraciones críticas de Maquiavelo sobre el Rey francés Luis XII las refleja crudamente en *"el príncipe"*, en el que no queda muy bien parado el monarca francés:

Luis cometió, pues, cinco faltas: aniquiló a los débiles, aumentó el poder de un poderoso de Italia, introdujo en ella a un extranjero más poderoso aún, no se estableció en et territorio conquistado y no fundó colonias. Y, sin embargo, estas faltas, por lo menos en vida de él podían no haber traído consecuencias desastrosas si no hubiese cometido la sexta, la de despojar de su Estado a los venecianos. Porque, en vez de hacer fuerte a la Iglesia y de poner a España en Italia, era muy razonable y hasta necesario que las sometiese; pero cometido el error, nunca debió consentir en la ruina de los venecianos, pues poderosos como eran, habrían mantenido a los otros siempre distantes de toda acción contra Lombardía, ya porque no lo hubiesen permitido sino para ser ellos mismos los dueños, ya porque los otros no hubiesen querido arrebatársela a Francia para dársela a los venecianos, y para atacar a ambos a la vez les hubiera faltado audacia. Y si alguien dijese que el rey Luís cedió la Romaña a Alejandro Nápoles a España para evitar la guerra, contestaría con las razones arriba enunciadas: que para evitar una guerra nunca se debe dejar que un desorden siga su curso, porque no se la evita, sino se la posterga en perjuicio propio. Y si otros alegasen que el rey había prometido al papa ejecutar la empresa en su favor para obtener la disolución de su matrimonio y el capelo de Ruán, respondería con lo que más adelante se dirá acerca de la fe de los príncipes y del modo de observarla.

Las maniobras de Maquiavelo de crear un nuevo enemigo para los franceses dieron sus frutos y lograron que éstos desviaran eventualmente su atención sobre Florencia, y si no obtuvo más fue por la poca inteligencia mostrada por el Consejo de la República en no apoyar como era debido y ungir con los honores y prebendas que debía tener un Embajador de la rica capital de la Toscana, aunque fuese un hombre austero y de procedencia humilde. En eso la República no se comportaba con democracia, cuestión que también incidió en la visión del gobierno por parte del humilde secretario, que no aparentaba una imponente personalidad, pero que mostraba una inteligencia y un celo poco común en el cumplimiento de sus funciones sin pedir nada para sí, solo lo necesariamente imprescindible para servir a su Patria.

En la historia se podrá ver un símil semejante en José Fouché durante la Revolución Francesa y la etapa posterior napoleónica, también como figura aparentemente secundaria que apareció como de la nada, más o menos con la misma edad del florentino en el ambiente político, y jugó un importante rol histórico en aquellos años convulsos; pero en detrimento de este último, Maquiavelo era un verdadero patriota que amaba y mostraba sentimientos sinceros para Florencia y para Italia, que por otra parte era una nación muy dividida. No como la Francia de la Revolución de fines del siglo XVIII que era un Estado poderoso y consolidado.

En un futuro, caída la República, Maquiavelo fue torturado y apartado de lo que más deseaba y de lo que más preparado estaba, para la labor política, sobre todo diplomática. Muere en el destierro al igual que Fouché, aunque dentro de su país, pero se diferencia de éste en que la traición como un modo de conducta él la utiliza en función de salvaguardar la República y luchar con la misma astucia y las mismas armas políticas de la época. Aunque presenta, a veces, el mismo doblez que el primero, por ejemplo, mientras que redactaba *el príncipe* que en cierta medida es un libro en defensa de las monarquías, escribe sobre Tito Livio y la República Romana. Por lo que no se puede atestiguar que todo lo que escribe en *"el príncipe"* sea su ideal de conducta moral.

3. CON EL VERDADERO PRÍNCIPE, CÉSAR BORGIA.

Todos coinciden en opinar que al escribir su obra *el príncipe*, Maquiavelo tomó como ejemplo principal y prototipo ideal, que reunía casi todos los requisitos que él consideraba para un gobernante de aquellos tiempos, la figura de César Borgia, hijo del Papa Alejandro VI, anteriormente Arzobispo de Valencia Rodrigo Borgia (en español Borja). Era una época en que las relaciones de los religiosos con mujeres, estaban, sino permitidas, al menos no perseguidas y poco censuradas, y es ahí que Rodrigo había tenido cuatro hijos con una hermosa cortesana de nombre Vannozza Cattanei; éstos eran Juan de Borja, César, Lucrecia y Jofré, y se habla de algunos más, posiblemente hasta ocho con otras mujeres. Este Pontífice hábil en el juego de las palabras, para no decir mentiras, en sus últimos tiempos tuvo de amante a la hermosa aristócrata Julia Farnesio, mucho más joven que él.

El primero de los hijos de Rodrigo Borgia con Vannozza Cattanei, Juan era Confaloniero o Capitán General de los ejércitos pontificales, aunque no mostraba grandes aptitudes militares, más bien llevaba una vida licenciosa y salpicada de escándalos. Éste murió de forma sorpresivamente dramática y su cuerpo fue extraído del río Tiber, sin que se lograra determinar quién fue el culpable del asesinato, aunque muchos apuntan hacia las facciones rivales al Papa, o que fue obra de su propio hermano César Borgia, quien a pesar de ser Cardenal de Valencia en aquel entonces, aspiraba a dirigir los ejércitos pontificales.

Aunque en la actualidad esto parezca un suceso deleznable y monstruoso, en aquella época, por el poder y el dinero ocurrían cosas semejantes con relativa frecuencia. Pero sin ir más lejos, en la actual se presencian hechos que guardan cierta similitud, y aunque generalmente no se llegue al crimen y halla menos dramatismo, suceden hechos deplorables al repartir las riquezas familiares donde se presencian intensas disputas a veces muy censurables.

Lucrecia Borgia ha trascendido hasta nuestros tiempos en la pluma de muchos escritores, sobre todo en la de los posteriores detractores de los Borgia, donde se le atribuyen actos de incesto y otras inmoralidades, e incluso crímenes y envenenamientos. En esencia, fue una figura compleja que en la actualidad se ha hecho famosa al ser llevada su historia a la gran pantalla, aunque atribuyéndole diferentes matices, según el guionista o el criterio del Director, algunas veces alejados de la realidad. Sobrevivió a su familia al igual que su hermano menor, Jofré, el cual llevó una vida relativamente apacible y tranquila. De Lucrecia se dice que mantenía relaciones incestuosas con su hermano César y con su propio padre, pero son cosas que se alejan de la esencia de este libro, pues como expresamos, después de la muerte de Alejandro VI, sus detractores y enemigos llenaron de lodo a todos los miembros de la familia, sin distinción y ética alguna.

Lo cierto es que César Borgia renunció a la carrera eclesiástica, colgó los hábitos religiosos y condujo al ejército pontifical en una rápida y vertiginosa carrera de conquistas en que atacó y redujo a muchas ciudades y principados italianos, mostrando un amplio grupo de *"cualidades morales"* de las descritas por Maquiavelo en su libro *"el príncipe"*, que podrían caer en el termino de hechos o aptitudes *maquiavélicas*, por supuesto, con el perdón de Maquiavelo.

Esto ha hecho pensar a algunos que Maquiavelo fue maestro de César, e incidió sobre su conducta, pero todo hace indicar lo contrario, que él fue quien aprendió en los meses que convivió con él y cabalgó a su lado en sus andares y conquistas, o al menos comprendió el comportamiento de éste, y puede que hasta compartieran pareceres e intercambiaran ideas en el día a día cotidiano.

Como habíamos explicado anteriormente, el celoso y hábil Secretario de la Cancillería durante su estancia en Francia había logrado desviar la atención del Cardenal D'Ambroise y de Luís XII, de Florencia y dirigirla inteligentemente hacia César Borgia, cuestión que en parte fue real y lógica, pues como dice Maquiavelo muchas veces, que a la hora de negociar es necesario y preferible decir la verdad, salvo que esto resulte imposible, y en este caso el astuto secretario tenía toda la razón.

Como César Borgia avanzaba sobre la Romaña de manera imparable y sin encontrar rivales a su altura que le mostraran fuerte oposición, incluyendo a los Orsini, los Colonna y los Vitelli, me refiero en este último a Sollozo que había logrado escapar de Pisa cuando su hermano Paolo fue ejecutado por traición en Florencia. Estos temibles y poderosos Condotieros apoyados por sus familias conspiraban abiertamente contra César, pero éste más tarde les tendió una celada y acabo con todos al mismo tiempo tal como detalla Maquiavelo en *"el príncipe"*, en la que podría ser catalogada como una acción altamente "maquiavélica"

Aquel avance tan vertiginoso y espectacular de César Borgia preocupaba a la Cancillería florentina, pues sabían que tarde o temprano éste tornaría sus ojos hacia la rica ciudad de la Toscana y no habría fuerza ni ejercito humano capaz de detenerlo. Esto hizo que su Signoría, Piero Soderini; enviara con urgencia una misión diplomática para que negociara con el príncipe de la Iglesia, y como es de imaginar sucedió como en ocasiones anteriores, se envió un embajador que por diferentes motivos no ejerció como tal y al "insignificante" pero inteligente y astuto secretario, Nicolás Maquiavelo, para negociar con él Duque de Valentinois y conocer cuales eran exactamente los planes e intenciones de éste.

Si se puede hablar de entrenamiento o curso de graduación como político y el comienzo de la carrera o vocación militar de Maquiavelo, hay que hablar de este momento y también de la estrecha relación o empatía que se estableció entre el capitán de los ejércitos pontificales y el diplomático florentino, que quedó alucinado y maravillado de la energía, la inteligencia, la perseverancia, la serenidad y la habilidad con que aquel joven llevaba a cabo la guerra, gobernaba los territorios conquistados y eliminaba, por supuesto, a cuanto enemigo encontraba a su paso.

Por otra parte, César Borgia debió comprender de inmediato la agudeza, inteligencia, habilidades políticas y diplomáticas de aquel simple secretario, pues en vez de desdeñarlo lo mantuvo como un interlocutor frecuente, le confesaba sus planes y salvo en lo referente a Florencia, se mostraba sincero y elocuente, aunque una elocuencia que muchas veces callaba lo más importante que debía decir.

Nos imaginamos entonces a un Maquiavelo asombrado de las habilidades de aquel *príncipe* que en unos lugares se hacia temer por su crueldad y en otros era magnánimo y generoso, y se conformaba con contar con la simpatía de la población, y especialmente de sus soldados.

Entonces, al parecer, en César Borgia Maquiavelo encontró al Príncipe o líder que podría unificar los territorios italianos y expulsar a los extranjeros de la península itálica, solo que para hacerlo tendría que caer Florencia y él ante todo era un ciudadano, un patriota de la República y cumpliría con celo su misión, aunque fuese en contra de los intereses del Príncipe de los estados pontificales.

Todo aquello resultaba en un gran dilema para el inteligente Secretario de la Cancillería que admiraba a César Borgia, cuestión que no ocultó en sus libros, sobre todo en *"el príncipe"*, pero sabía que de apoyarlo caería la República y como se pudo comprobar más adelante cuando escribió los *discursos sobre la primera década de Tito Livio*, se mostraba más partidario de la República, que de la monarquía.

Un gran dilema, al fin Maquiavelo había encontrado su ideal de líder, comandante y gobernante que podría conducir a la unificación de Italia y hacerla poderosa como en los tiempos de la antigua Roma, pero sin embargo él había ido a la Romaña para obstaculizar o descifrar sus secretos, sus planes, la táctica y la estrategia que desarrollaría este hombre, que en lo más profundo de si él deseaba que triunfara. Y César Borgia tenía todas las posibilidades de triunfar, había arribado al principado (en esos momentos le sobraban estados, títulos y ciudades) de la mano de su padre, un Papa sagaz, inteligente y astuto, para el cual no había tampoco límites a la hora de alcanzar y luchar por mantener el poder y que seguramente había sido un excelente maestro y albacea de su hijo.

Nicolás Mzaquiavelo observó atentamente todos los movimientos, todo el quehacer de aquel Cardenal devenido en comandante militar, su valentía y arrojo, pero no imprudente sino estudiado, meditado, fruto de profundas reflexiones, a más que aquel capitán se sinceraba con el secretario, y puede que con él de una forma solo superada por la de su padre.

Y César Borgia lo tenía todo, inteligencia, sagacidad, astucia, ímpetu y valentía, el poder terrenal y el divino de la Iglesia, además de las riquezas de sus arcas que nunca se vaciaban, pues su padre siempre procuraba tenerlas llenas, no solo con los impuestos, sino también con la confiscación de los bienes de Obispos y Cardenales caídos en desgracia, o que él mismo motivara sus caídas, por todo aquello era de dudar que el Capitán General de los ejércitos pontificales no alcanzara sus ambiciosos propósitos.

César Borgia lo había pensado todo, lo había calculado todo, contaba con ejércitos, apoyo, incluso del extranjero, recursos, inteligencia y juventud, pero le faltó algo, algo que le sobró más adelante al Papa guerrero Julio II: *la fortuna, la suerte*. Y aunque tanto César como Maquiavelo no contaban con ella cuando proyectaban algo, o para conseguir sus propósitos, en esta ocasión ésta actuó en su contra, y de qué manera, pues en lo que los detractores de los Borgia consideran un error al manipularse el vino envenenado destinado para unos dignatarios eclesiásticos que molestaban, o quería eliminar el Papa, o que realmente quisieran envenenarlo, o el ataque de la malaria tan común en aquellos tiempos en las regiones meridionales de Italia; lo cierto es que su Santidad Alejandro VI, después de un banquete enfermó de gravedad y murió en muy poco tiempo, a la par que César que disfrutaba de la misma comida, también cayó enfermo y salvó su vida casi de milagro, aunque quedó en una situación de salud muy maltrecha que le impidió seguir con sus planes y sortear la difícil situación que se le creaba con el vacio del apoyo papal.

La *fortuna* a quien Maquiavelo daría forma de mujer en *el príncipe* contribuyó con la caída de aquel príncipe de la iglesia, o terrenal, y lo hizo de una forma despiadada y brutal, de manera que su caída en desgracia con el advenimiento del cardenal De LlaRovere como Papa convertido después de Pío III, un elemento simbólico que solo reinó poco más de un mes en el trono de San Pedro, destruyó los planes de aquel hijo de su principal enemigo, aquel español ambicioso, astuto, licencioso y depravado que había prácticamente comprado el papado y que había evitado su coronación, a pesar del apoyo de los franceses.

Cuando se vieron de nuevo Nicolás Maquiavelo y César Borgia, aquel guerrero no se parecía en nada al que había conocido el diplomático florentino y pese a que siguió escribiendo páginas de intransigencia y cierta valentía hasta su muerte, las enfermedades habían agotado su cuerpo, su cerebro y la energía necesaria para combatir.

Después de esto Maquiavelo regresa a Florencia, tan pobre como siempre, tal vez más endeudado, con el mismo miserable sueldo, carente de medios, prácticamente insolvente, mientras otros en la Cancillería se atribuían para sí sus importantes logros diplomáticos. Volvía a su modesta oficina a poner en orden todos los asuntos que los demás empleados habían descuidado en su ausencia. Pero ya era otro, había comprendido, había aprendido como nadie las leyes y secretos de la política, y solo deseaba encontrar a alguien que se dejase aconsejar por él para lograr su sueño de la unificación de toda Italia y la conversión de ésta en un Estado fuerte, glorioso como la antigua Roma, aunque ahora dudara que esto pudiese lograrse bajo la dirección de una República como las de la época.

4.-JULIO II, EL PAPA GUERRERO.

Con el arribo a la silla pontifical del Cardenal Giulliano Della Rovere con el nombre de Julio II todos pensaban que éste nombraría, una vez apartado a César Borgia de la jefatura de los ejércitos papales, a un nuevo capitán general, que si bien no continuara la política beligerante y de expansión del primero, al menos tratara de mantener las conquistas de su brillante antecesor. A decir verdad era lo que debía esperarse de un hombre aparentemente viejo para aquellos tiempos y todos se inclinaban porque el centro de sus actividades se realizara desde el Vaticano, amparado en la corona de San Pedro. Pero ocurrió todo lo contrario, tomó con una energía envidiable, propia de un hombre joven, las riendas de los ejércitos pontificales y continuó el legado de conquista de los Borgia, a pesar que ellos habían sido su enemigo declarado.

Para el nuevo Pontífice hacer la guerra resultó en una pasión, un deseo puede que desmedido, no una necesidad, pero la convirtió en su trabajo, en su obsesión principal y casi total durante su relativamente corto reinado y para ello se propuso varios objetivos:

-Destruir y borrar de Italia el odiado apellido de los Borgia y recuperar los territorios conquistados por César Borgia.

-Ampliar y consolidar el poder de la Iglesia y someter a ella a todos los príncipes de la península itálica.

-Expulsar a los extranjeros de Italia: Los franceses que ocupaban Milán y algunas ciudades del norte y recibían tributo de algunos principados como Florencia y Pisa bajo tratados ventajosos de protección que realmente no eran tales, y a los españoles que ocupaban el Reino de Nápoles.

Y todo aquel plan que proyectaba el Papa sexagenario era, al parecer, motivado por ambición más que por patriotismo o fe desmedida, para aumentar su fama, convertirse en una figura histórica relevante y acrecentar el poder y la riqueza de la iglesia. Por eso, tal vez con su astucia, inteligencia y desconfianza acostumbrada, Maquiavelo no mostró por este la misma admiración que por César Borgia y quizás hasta por Savonarola, a pesar de que propugnaba lo que el diplomático y político deseaba para Italia. Puede que tal vez comprendiese que la tarea era demasiado grande de acuerdo a la edad, preparación militar y talento del Papa, por lo que no se adhirió a su causa y solo se relacionó con él en lo relativo a los intereses de Florencia. Más adelante, en su importante tratado de política que es *"el príncipe"*, lo menciona, pero no hace una apología de éste similar a la de César Borgia o el Rey católico Fernando de Aragón, pese a sus éxitos y logros, que a decir verdad fueron significativos y puso a toda Italia en jaque, e incluso a las potencias extranjeras.

Todas estas tareas era humanamente imposible que las pudiese ejecutar el Papa Julio II, pese a su energía y poder manifiesto. De todas ellas realizó la primera ayudado por algunos estados italianos y por los franceses, alemanes y suizos, dependiendo el momento, pues era un hábil negociador y unas veces tenía a unos de su lado, otras veces a otros; y otras los tenía enfrentados entre sí.

Para ejecutar la primera solo bastaba sacar de en medio a César Borgia que no era en ese momento ni la sombra de lo que fue, enfermo, sin apoyo papal, poco a poco fue perdiendo su poder y el apoyo de los que le habían profesado lealtad, y pese a que en un principio se mantuvo al frente de los ejércitos pontificales, el nuevo Papa pronto halló motivos o pretextos suficientes para destituirlo de su mandato, apresarlo y condenarlo al castillo de San Ángelo y después a otro fortificado en Valencia de donde pudo escapar para morir años más tarde en Navarra, en una emboscada o escaramuza sin importancia, tal vez por traición, sin poder, y acompañado solo de la gloria adquirida en el pasado.

Sí, su Santidad el Papa Julio II mostró una energía envidiable y aunque no contaba con las condiciones naturales y la formación de César Borgia, continuó las conquistas iniciadas por éste, apoyado ahora por los franceses, los ejércitos pontificales, la riqueza y el poder de la Iglesia, su arrojo personal que no se detenía ante nada, y sobre todo aquello que no acompañó a su antecesor, esa *mujer* que describe Maquiavelo como *"la fortuna"*, por lo que aunque el secretario florentino era un hombre con un pensamiento muy racional, no dejó de admitir este factor, además de reconocer que entre las cualidades de un Príncipe debe estar el ser, si no hay otra posibilidad, impulsivo y osado, pues la *suerte, la fortuna*, como *mujer* prefiere a estos más que a los que no lo son.

Este nuevo impulso a la guerra, desmedido y alocado, volvía a hacer temblar a los dirigentes de la República de Florencia, que consideraban a este hombre invencible, porque contaba con fuerzas terrenales y divinas, y estas últimas si no se atienen a la creencia en la religión, sí permitían al Papa guerrero complementar los éxitos militares con un nuevo tipo de miedo, el de la *excomulgación* para todo aquel que se le opusiese. Esto último se pudo notar con toda claridad en la toma de Bolonia, cuando imposibilitado de rendir la ciudad, a pesar de contar con el apoyo de alrededor de ocho mil soldados franceses, amenazó al comandante de la plaza, un militar valiente y experimentado, pero cargado de pecados y crueles asesinatos, como muchos en la época, con enviarlo al infierno y también a todos los que colaboraban con él. Como el gobernante era un hombre valiente y tenaz, pese a sus crueldades e inmoralidades, no se dejó atemorizar, pero la población si lo hizo, lo expulsó y entregó a los atacantes, aunque impidió la entrada de las tropas francesas ante el temor y el ultraje a la ciudad y las personas.

Maquiavelo observaba todo aquello pues había sido enviado de nuevo, como siempre, a negociar con el Papa bajo la sombra de un embajador, dignatario de nombre, pero incapaz en sus funciones, o como siempre, sin mucho celo para realizarla; y era que ya Maquiavelo no le importaba quien lo acompañara, se dedicaba en cuerpo y alma a realizar su trabajo y con una habilidad y facilidad extraordinaria, como si ejecutara un sencillo algoritmo de pasos que solo lo llevaran a un fin, lo mejor para la República de Florencia y mantener su independencia al margen de las dificultades que conllevara su misión, y de los predispuestos que estuvieran los intermediarios con los que negociara, y en esta ocasión su Santidad, el Papa omnipotente, lo estaba.

Para Julio II el gobierno de Florencia era un aliado entre sombras de los franceses, al igual que Pisa y otras ciudades de Italia y de la Toscana, y para demostrar quién mandaba, le había pedido a su Signoría que le enviara al Condotiero De la Colomna con su ejército, en lo que Florencia desconfiaba pues no sabía bien si el Papa hacía el pedido por necesidad militar o como pretexto para mostrar su repulsa hacia la República y darle un turno, si ya no lo tenía, entre los territorios que deseaba conquistar.

Recelosa la República, envió de nuevo a Maquiavelo, siempre dispuesto a realizar este tipo de funciones y a alargar en lo posible cualquier negociación, acuerdo o respuesta, que pudiese comprometerla, como siempre hacia; en un juego que se le daba tan bien al modesto funcionario, aunque los florentinos tenían fama de eso, de ser buenos para negociar y para regatear, y ese espíritu siempre los acompañaba en aquellos tiempos de transición del Medioevo a la sociedad moderna a través del luminoso camino del Renacimiento.

Florencia, por lo demás, temía que al despojarse de su Condotiero debilitara sus defensas, lo cual haría más fácil una eventual conquista de Julio II de la ciudad, para él de usureros y de banqueros, aunque en cierta medida lo era, y de ahí la fortuna de sus antiguos albaceas, los Medecis, los Passi y los Bruneleschi, entre otros, pero principalmente los primeros cuya sombra siempre pesaba sobre la ciudad.

Las negociaciones con el Pontífice no prosperaban aunque eso era lo mejor para Florencia, que trataba de dilatar al máximo las negociaciones para ver qué sentido tomaba la campaña de julio II, o si por la edad y la vida activa de soldado que llevaba le llegaba un fin temprano. Pero esto no ocurría y la energía del monarca de la Iglesia se mostraba como la de un joven militar de carrera. También el fuerte carácter de éste y su frecuente mal humor se mostraba en todo momento por lo que dudamos que Maquiavelo no sufriera alguno de sus ataques de ira, aunque ya sabía por la experiencia de su compatriota Miguel Angel que estos podían aplacarse con facilidad, pues el genio de la pintura y de la escultura que estaba a su servicio para terminar los frescos de la capilla Sixtina, la construcción de la Iglesia de San Pedro y el mausoleo que se había ordenado a construir el Papa para él, mantenían entre sí frecuentes y continuas disputas, y también eran frecuentes las reconciliaciones.

Y si Julio II no mostró distinción especial con el hábil diplomático, éste tampoco la demostró por el Papa, aunque alabó su arrojo, pero todo apoyado por la *fortuna*, pues la estancia en el campamento del Pontífice guerrero le permitieron a Maquiavelo conocer que éste no podría ser el paladín o príncipe que necesitaba Italia para unificarla y expulsar a los extranjeros, máxime que con frecuencia, y como le conviniese, o de acuerdo a la dirección con que soplara el viento, éste acudía a las potencias extranjeras para lograr sus objetivos bélicos en la península, como había hecho anteriormente contra Alejandro VI al emplear todas sus influencias y habilidades para empujar a Carlos VIII hacia la conquista de Italia, solo por el hecho de que quería arrebatarle la silla papal al español.

De hecho, en las campañas de Julio II es cuando más ejércitos extranjeros pisaron tierra italiana involucrados en las diferentes ligas que creó y abandonó el Pontífice. Se apoyó y se enfrentó cuando le fue necesario con los franceses, alemanes, suizos (de hecho creó la famosa guardia suiza que hoy persiste como escolta para velar por la seguridad del Papa y el Vaticano), españoles y hasta con el mismísimo Rey de Inglaterra.

Si una cosa le fue interesante a aquella esponja del conocimiento político que era Maquiavelo fue el ver que la Iglesia era incapaz de unificar a Italia y al mismo tiempo impedía que otros lo hicieran, por lo que escribe: *"No habiendo sido entonces tan poderosa la iglesia como para ocupar Italia, y no habiendo permitido que otro la ocupara, ella ha sido la causa de que Italia no haya podido unirse bajo un jefe".*

Algo así como lo del perro del hortelano que *"ni come ni deja comer"*

Al fin, luego de entorpecer las negociaciones con el Pontífice, o al menos alargarla lo más posible, volvió para Florencia con la respuesta, sin respuesta, de que la Cancillería valoraría la petición del Papa y le daría "pronta respuesta" cuestión que aunque hubiese sido sincera demoraría lo que demoraban la mayoría de las cosas que se discutían en aquella República que temía su caída, por lo que la indecisión y las dilaciones eran parte de la rutina. En resumen, era como las reuniones con muchas personas; se discutía mucho y no se decidía nada.

Al final, y como siempre, la Cancillería dio por bueno el trabajo de Maquiavelo luego que éste detallara punto por punto cómo se estaba desenvolviendo la campaña del Papa y sugiriera esperar y prolongar, en lo posible, la toma de cualquier decisión, hasta vislumbrar con claridad la verdadera situación. Y el tiempo le daría la razón al astuto y hábil diplomático y pronto el Papa guerrero se despreocupó de Florencia, al menos momentáneamente, pues un asunto mucho más urgente, uno de los más importantes de su campaña, y tal vez donde mostró más inteligencia, requería de su atención. Nos referimos a la Serenísima Venecia.

La invencible y poderosa Venecia, la potencia de los mares y el comercio, la República más perfecta de aquellos tiempos, cosa que se veían obligados a reconocer los propios florentinos que en ese momento habían recurrido al sistema veneciano de nombrar una Signoría (jefe de gobierno) con carácter vitalicio, el honrado y honesto Piero Soderini, al igual que en la Serenísima de Venecia que tan buenos resultados habían dado a los hombres de las ciénagas y los islotes, para mantener su hegemonía sobre el Adriático y sobre todo su independencia; además de constituirse en uno de los estados más poderosos de Italia, al igual que Nápoles, y desoír, cada vez que lo consideraban, las órdenes y mandatos del Papa.

Pero Julio II no hubiera podido nada contra Venecia si ésta no hubiese cometido el craso error, de por ampliar unos pedazos de territorio aliarse con Luis XII para contribuir a la caída del fuerte Ducado de Milán, y aunque una vez tomado Milán y depuesto Ludovico Sforza, la República de los mares había logrado sus objetivos, el aliarse con los extranjeros y hacerse más poderosa no había sentado muy bien a los Estados y Principados italianos que temieron por su seguridad, incluida la República de Florencia.

Pero las cosas no hubieran pasado de esto, si el carácter voluble y beligerante de Luis XII de Francia no hubiese provocado, o despertado la envidia, o preocupación de sus vecinos germanos, donde el emperador Maximiliano I de Habsburgo, de cuya personalidad dará fe más adelante Maquiavelo en *el príncipe*, no se hubiera propuesto hacer su aparición y reclamar algo del apetitoso bocado italiano, por lo que logró con el apoyo no muy dispuesto de la dieta alemana, reunir un gran ejército para enfrentarse a los franceses y también contra Venecia. De inmediato el Papa vio su oportunidad y sonsacó a los germanos para que arrebataran a la Serenísima los territorios que a su vez ella había arrebatado a los milaneses, atestiguando derechos antiguos, inexistentes u obsoletos y sin valor para que el Emperador se enfrentase a franceses y venecianos y asumiera el peso de la guerra.

Aparentemente Florencia estaba alejada de todo aquello sino hubiese sido porque el Emperador, malgastador y siempre escaso de recursos, no exigiera a la capital de la Toscana una alta cantidad de dinero, alrededor de 50 mil ducados atendiendo a compromisos antiguos entre ambas naciones, lo cual ponía a la República en una situación delicada, no tanto por el dinero, aunque no le sobraba, como por el hecho de que colaborar con los germanos hubiese sido considerado por los franceses, sus aliados, como que los traicionaban y que tomaban el bando contrario, por lo que de salir los galos favorecidos en los enfrentamientos éstos no hubiesen dudado en atacar, o al menos gravar mucho más las exigencias hacia los florentinos. Todo esto aconsejaba a la Cancillería de la República a enviar de nuevo a sus diplomáticos y quien mejor que Nicolás Maquiavelo que siempre, dispuesto, paciente y humildemente estaba en disposición de prestar sus abnegados servicios a la República.

Por eso, Maquiavelo no tuvo mucho tiempo para descansar y se dirigió de nuevo a cumplir su misión, como siempre acompañado por un dignatario de la Cancillería entre las personalidades ilustres para que mostrara solo la figura y todo el trabajo lo realizara el modesto secretario, aunque en esta ocasión tendría la suerte de ser Francisco Vettori, con quien mantendría amistad y correspondencia aun en los duros y difíciles tiempos del *destierro* que estaban por venir.

Sin embargo, esta era una ocasión de maravilla para que Maquiavelo, además de desarrollar su potencial diplomático y político, conociera de primera mano cómo se desarrollaban las maniobras militares a gran escala de un vasto ejército, donde claro está, también estaban los suizos. De manera que podría observar en vivo y de forma privilegiada a estas tropas en acción para él desconocidas, y estudiar la compleja personalidad del augusto Emperador Maximiliano I, que también aspiraba a apoderarse de Italia y hacerse coronar en la mismísima Roma.

Pese a la crudeza del invierno para un hombre

meridional, Maquiavelo soportó todas las vicisitudes relacionadas con el duro invierno de 1507-1508, y compartió con aquellos rudos y fuertes soldados desconocidos las penalidades propias de la vida en los campamentos, pudo valorar las cualidades de aquellos ejércitos y también sus deficiencias y vulnerabilidades, que de no tenerlas los habrían convertido en una fuerza invencible.

Como intermediario principal, además del Emperador, tuvo a Mathias Lang, un hombre con cualidades semejantes a las del Cardenal francés D'Ambroice

Las negociaciones, por supuesto se prolongaron de nuevo todo lo posible en un tira y encoge semejante al que sucedía al mismo tiempo en los campos de batalla, favorables en gran medida a los germanos, pero sin una estrategia militar clara, que los hacía a veces abandonar campos de batalla ganados o ciudades conquistadas, en una campaña que llevaba el sello personal de su jefe, un Emperador germano con una enorme capacidad, como lo demostró en aquella contienda, para mover y movilizar un enorme ejercito en campaña en varios frentes, pero incapaz, por falta de constancia y recursos de mantener y ampliar sus conquistas.

Que Venecia saldría derrotada de aquella confrontación estaba claro, pero no en la medida que deseaba o necesitaba el Papa, además había cedido honrosamente, y sorteado hábilmente la campaña de manera que no había sido derrotada completamente, y puede que por el contrario, con unidad y fortaleza por haber sido capaz de mantener su independencia y su poderío.

Los franceses y germanos, si bien se habían desgastado en el enfrentamiento, no habían perdido su poderío por lo que las esperanzas del Papa en este sentido no fueron compensadas a pesar de sus esfuerzos y habilidades diplomáticas, para que se enfrentaran y desgastaran aquellos poderosos estados, a los que si bien acudía una y otra vez, deseaba ver alejados de Italia.

No obstante, Julio II, pese a no haber obtenido todo lo que quería en la contienda, había recuperado los territorios que aun restaban de los Borgias, pero eso no era nada en relación con sus ambiciosos propósitos.

Florencia, en lo del Emperador había salido sin sufrir daños de aquella peligrosa aventura y sin dar ni un solo florín gracias a la habilidad de Maquiavelo, que había logrado que las cosas se prolongasen indefinidamente, discutiendo sin llegar a acuerdos las peticiones del Emperador, embrollando y cuestionando lo que ya se había resuelto y no preocupándose por resolver nada.

Florencia había logrado hábilmente no implicarse ni en el bando de los franceses ni en el alemán, ni siquiera comprometerse, o enfrentar a los venecianos y se mantenía la independencia de la República, al margen del conflicto.

Julio II quería el enfrentamiento entre alemanes y franceses para que ambos se debilitaran y así después poderlos echar de Italia, ese era su sueño, su objetivo, aunque en esta ocasión había logrado el enfrentamiento pero no el desgaste esperado.

Maquiavelo se había mantenido durante seis meses alejado de Florencia en este delicado asunto y hubiera permanecido aun más tiempo en aquel conflicto que le fue tan útil en el diseño de sus teorías políticas y militares, pero ya no había ningún motivo para permanecer allí, además de que tenía familia que atender y el clima y las condiciones de vida bajo un crudo invierno no eran las más aconsejables. Por otra parte, había hecho dilatar tanto las negociaciones que sin decir que no, los florentinos no habían tenido que desembolsar nada, lo que sería bien visto por los franceses y más aun por los florentinos.

Era de esperar, además, que el Papa Julio II no se sintiera satisfecho con los resultados obtenidos, aunque había salido fortalecido y en cierta medida, victorioso, y esto lo comprendía Maquiavelo, por lo que consideraba que su Santidad retornaría de nuevo a sus andadas y en breve volvería a poner sus ojos sobre Florencia, tan pronto abandonara la alta política europea.

Otro funcionario que no fuese Maquiavelo hubiese aprovechado su estancia de nuevo en Florencia para descansar y reponerse física y mentalmente después de tantas misiones cumplidas en el exterior en tan escaso tiempo, pero éste no podía estarse quieto, la tranquilidad no era su *status*, sí la actividad febril, por lo que continuó con la preparación de la milicia florentina esta vez para tratar por fin de doblegar a la cercada ciudad de Pisa, evento militar en el cual Florencia se había mostrado impotente, aunque no había contado con jefes militares experimentados y dispuestos a cumplir la misión; y tampoco el monarca Luis XII se había tomado muy en serio la misión de apoyar a los florentinos pese a los acuerdos y las promesas, que como promesas y acuerdos entre políticos de la época, no mostraban mucho valor; y si en tiempo reciente el propio Papa Julio II, presa de su envidia o rencor hacía los Borgia, se había desprendido del Duque de Valentinois, cómo pensar que una potencia extranjera como la de Francia cumpliera sus acuerdos en territorio italiano, donde le convenía que hubiese ese tipo de eventos para que estuviese dividida y por supuesto más débil.

De manera que Maquiavelo hizo todos los intentos posibles para rendir la ciudad sitiada y doblemente fortificada, y si lo logró no fue solo por la fuerza de las armas, sino por emplear cuantos medios y argucias posibles estuvieron a su alcance, e incluso acudiendo a los genios de la época como Leonardo de Vinci para desviar al río Arno y dejar a los habitantes de la ciudad sin esta fuente de agua, ruta comercial y de abastecimiento; aunque al parecer el arquitecto de la obra no siguió al pie de la letra los planos del genio florentino, o ésta era demasiado compleja y difícil para ejecutarse en aquellas condiciones. Lo cierto es, que todo hace indicar que este no fue el medio por el cual la ciudad se rindió, sino más bien, cansada de luchar, sitiada durante años, desabastecida completamente de alimentos y medios de existencia, al destruir los florentinos los cultivos y fuentes de abastecimiento.

Las negociaciones sobre la capitulación tomaron su tiempo, como siempre ocurría entre fieles habitantes de la Toscana, hasta que al final se logró la rendición incondicional de la ciudad, y justo es señalar que Maquiavelo se mostró como un hábil conquistador y lejos de cometer tropelías no las permitió, muy por el contrario trató de solucionar cuanto antes las urgentes necesidades de abastecimientos, incluso alimentos, que sufría la población de la ciudad, aunque ya esta quedaba políticamente bajo la tutela de Florencia.

En la rendición de Piza, el hambre, las múltiples necesidades de una población exhausta y sitiada durante años había logrado doblegar a la valentía, el valor y la tenacidad de de los asediados.

El 8 de junio de 1509 Nicolás Maquiavelo hizo su entrada triunfal en Piza y como expresábamos se mostró generoso en la victoria.

Florencia que como República propugnaba la paz y la

neutralidad ahora se ungía como conquistador de un Estado o ciudad más débil, por lo que para Maquiavelo aquello quedaría en su calificación a Florencia como que en la oligarquía florentina convivían los defectos de las democracias y las aspiraciones de las dictaduras.

Poco le duró a Maquiavelo su estancia en Florencia y degustar el triunfo de la victoria sobre Pisa. Había que conquistar Venecia pensaba el Papa y como sólo no podría, acudió a los franceses, a los mismos que después querría echar, llegaba el invierno de 1508.

Usando todo su ingenio y energía, las promesas, y sobre todo, el poder de la iglesia, su Santidad, el Papa Julio II logró por fin establecer una superalianza con los vecinos más poderosos de Italia, en lo que fue en llamarse la Liga de Cambrai, formada por Francia, el Imperio Germano, España y la Santa Sede para poder vencer a Venecia, en lo que fue una hábil maniobra del heredero del trono de Pedro, quizás jugada magistral solo comparable a las que hubiese hecho el propio Maquiavelo, solo que él no participó en nada de esto, pues hubiese censurado la presencia de tantas tropas extranjeras en territorio italiano, por lo que aunque se concede al ilustre Pontífice un espíritu patriótico, acudió sin demora a solicitar la ayuda extranjera contra un estado italiano hermano, que por muy fuerte que pareciese era incapaz de enfrentarse a una fuerza tan grande y descomunal, independiente de las grandes diferencias de cada una de las potencias contendientes para con Italia.

Pero eso no fue todo, el Papa acudió de nuevo al poder divino, a la excomulgación y la condena al infierno de los venecianos que no apoyaran su campaña contra su propio país, o no contribuyeran a derrocar a su Serenísima. Pero esto fue en vano, porque la fortaleza del estado Veneciano estructurado sólidamente durante cientos de años de República, hizo que la población y sus gobernantes hicieran caso omiso a las amenazas del Papa, por lo que lo que no se ganó con sermones eclesiásticos, lo tuvieron que lograr las armas. Esta vez el poder divino tuvo que someterse al terrenal.

Mientras duraba el conflicto contra Venecia, Florencia recibía exigencias de todas las partes involucradas en la Liga de Cambray para que se decidiera a inmiscuirse y formar parte activa en la campaña del Papa, de Francia y sobre todo del Imperio Germano que necesitaba y apremiaba a la Republica de su Signoría para que le abonara la cantidad de dinero exigida con anterioridad, y que con tanta astucia Maquiavelo había logrado que se fuera retardando, aunque esta vez disminuida en una decena de miles de florines.

Maquiavelo ocupado en la rendición de Pisa y la organización civil y política de la ciudad, ahora subordinada a Florencia, llegó en principio tarde al inicio de las negociaciones, y una buena parte del dinero ya se había desembolsado. Pero todos querían más de la República, además de los germanos, el Papa y Francia con quien había tratados y puede que hasta la misma España, y aunque Florencia había mantenido constantes disputas con la Serenísima de los mares, veía con desconfianza aquella poderosa liga pues sabía que después de la caída de ésta, le podría tocar el turno a la ciudad del Renacimiento, mal mirada por el Papa como estado de banqueros y usureros.

En esta delicada situación Maquiavelo maniobró como nunca para no ceder a las pretensiones de todos y situar a la República florentina en un estadio de apoyo, pero no totalmente comprometida. Así que su ayuda fue como siempre, dilatada y alejada de las promesas en que debía sustentarse. Y Florencia como se verá más adelante hacía bien en luchar por mantenerse neutral, aunque fuera a medias.

Venecia aunque resistió estoicamente se vio obligada a ceder después de la batalla de Agandello en que fue derrotada, pero no vencida, aspecto muy importante que le permitió de forma inteligente hacer la paz por separado con sus atacantes, lo que influyó decisivamente en sus divisiones internas y que en breve, de nuevo estuviesen enfrentadas las potencias extranjeras entre sí. Cuestión que si bien no gustó mucho al Papa, que hubiese deseado ver humillada a la República de comerciantes marinos, no lo logró en la medida que hubiese deseado; y Venecia siguió siendo un Estado fuerte en relación con los demás principados italianos.

No obstante, Julio II había logrado que la Serenísima, en un futuro no obstaculizara sus planes, por lo que se decidió de nuevo por tratar de enfrentar a las potencias extranjeras entre sí, cuestión que lograba, bien por ingenio, o por las grandes diferencias que existían entre esos estados para los cuales Italia no era más que un teatro para sus operaciones militares donde se entrenaban sus tropas y que podría suministrarles ricos botines.

De nuevo, una vez firmada la paz y disuelta la poderosa liga de Cambray, Maquiavelo regresó a Florencia con el éxito de la misión y evitar que ésta pagara más y se viese más comprometida con las potencias extranjeras y el Papa.

5.- LA CAÍDA DE LA REPÚBLICA.

Sin embargo, los éxitos de Maquiavelo habían exacerbado la envidia y las míseras intrigas internas en una República imperfecta y bajo gobernantes débiles, incluida su Signoría, Piero Soberini, que si bien era un hombre honrado y de profundos principios y convicciones morales, puede que ese fuese el único poder que mantenía en aquella "olla de grillos" o "nido de serpientes" como se quisiera llamar.

Todo el tiempo que Maquiavelo había estado en los campamentos enemigos y la propia experiencia de Florencia en la guerra contra un enemigo menor, Piza, le había demostrado la ineficacia de las tropas mercenarias, al menos en la guerra moderna que se desarrollaba ahora, muy ajena a la de la época medieval. Esto lo llevó, aunque ante muchas oposiciones, a desarrollar un ejército propio (milicias) que si bien estaba integrado en su mayoría por elementos poco experimentados, sí había sido puesto a prueba con éxito en el sitio de Pisa, por lo que sin abandonar del todo el empleo de Condotieros experimentados con tropas mercenarias, estableció la necesidad de organizar un ejercito propio de milicias florentinas, como tendencia en contra de todas las opiniones.

Sin ser un militar de carrera, desde el punto de vista

teórico y estratégico la razón estaba de parte de Maquiavelo, pues el sentimiento de los soldados propios de la República establecía un compromiso moral para con su Patria y sus familias, inexistente entre los mercenarios, solo interesados en el dinero y dispuestos a traicionar y sumarse al bando contrario si pagaba más, e incluso a apoderarse de un Estado si le estaba a manos, como habían hecho muchos Condotieros famosos como los Sforza en Milán.

Si la República hubiese sido fuerte y unida, sus gobernantes valientes y dispuestos a hacer frente al enemigo, Florencia no hubiese tenido nada que temer ante los atacantes, incluidos el Papa guerrero julio II; pero esto no era así, por lo que la República del Renacimiento tenía que seguir existiendo gracias a los pactos y maniobras diplomáticas, pero Maquiavelo sabía que eso no resultaría por mucho tiempo.

En la última contienda contra los venecianos había visto la entrada de los españoles y de la misma manera que conocía las debilidades tanto de Luis XII como del Emperador Maximiliano I desconfiaba sobremanera del Rey católico Fernando de Aragón, hábil no solo en la guerra, sino también en política, un hombre astuto y de pocos principios amparado por la iglesia y el dinero de sus conquistas de América, además siempre favorecido por la *fortuna*.

Maquiavelo veía en este Rey a un prototipo de príncipe

inteligente del Renacimiento, que una vez consolidado el Reino de España, luego de la derrota del último bastión árabe, Granada, la unificación completa del territorio bajos los reinos de Castilla y Aragón, y del descubrimiento y las conquistas en América, había logrado que España se perfilara como una de las la potencias más fuerte de Europa, como se pudo comprobar más adelante con las campañas del nieto de Fernando, Carlos I de España y V del Sacro Imperio Romano Germánico y muchísimos más títulos de los Habsburgo, en la cúspide del dominio español por el mundo y Europa.

Pronto la paz se rompió de nuevo, esta vez al lograr enfrentar el Papa a los españoles y la propia Venecia, ahora alineada con éste en la Liga Santa contra los franceses, después se incorporarían a esta confederación, el Emperador germano, los suizos y hasta el Rey inglés Enrique VIII, no dando posibilidad a Florencia de realizar malabares diplomáticos por los compromisos contraídos con Francia, que como era de esperar fue finalmente derrotada, pese a la genialidad de sus generales, la valentía de sus hombres y su armamento moderno, sobre todo en cañones.

Por parte de ambos grupos contendientes había buenos generales y poderosos ejércitos, por lo que aquello no iba a ser una contienda de pequeños enfrentamientos, y en la primera parte de la guerra esto se notó con las hábiles maniobras del joven general francés Gastón de Foix, pero la ventaja estaba del lado de la Confederación papal y al final el valiente militar fue herido de muerte en la Batalla de Rávenna, por lo que la posición de Florencia se veía comprometida a pesar de haber mantenido cierta neutralidad, aunque no los compromisos con Francia en la medida que ésta demandaba.

Pero más que la Confederación y el espíritu beligerante del Papa Julio II, el problema más grave venía acompañado de los propios florentinos, en este caso los Cardenales Giovanni y Giuliano Médicis, dispuestos a restituirse en el poder que consideraban se le había arrebatado a su padre Piero de Médicis en 1594. Este último miembro poco representativo de la *grandeza* de la familia de los "*Protectores de Florencia*", había perecido ahogado años atrás, pero sus hijos protegidos por el Papa, con suficiente dinero y un ejército español poderoso, aunque mucho menor en número que las milicias florentinas armadas por Maquiavelo, se mostraban ávidos y dispuestos a conquistar Florencia, bajo el pretexto de que solo deseaban volver a la ciudad.

Tarde comprendió Maquiavelo que no era militar pese a sus escritos posteriores sobre *el arte de la guerra* y que su ejército numeroso era extremadamente débil e inexperto y no estaba aun preparado para combatir, al menos frente a los temibles y experimentados tercios españoles, lo que se comprobaría más adelante; mientras tanto, el genial político hacía oídos sordos a las intrigas dentro y fuera de la Cancillería y viajaba febrilmente por toda Italia reclutando soldados, firmando tratados y acordando treguas de no agresión, o refrendando los existentes, buscando avituallamiento y todo lo necesario para crear y mantener un ejército dispuesto a entrar en combate.

Hasta ahí todo era normal en la brillante mente de Maquiavelo que consideraba, con mucha razón, la superioridad de las milicias bien entrenadas y experimentadas frente a los ejércitos de mercenarios, por el espíritu de patriotismo que se puede crear a la hora de defender su territorio patrio donde habitan sus familias. En efecto, Maquiavelo había logrado crear en muy poco tiempo un gran ejercito de milicias con artillería y caballería incluida, pero ni eran experimentados pues muy pocos habían entrado en combate y tampoco estaban bien preparados, pues se había conformado recientemente y el espíritu de patriotismo se tambaleaba bajo el miedo y las intrigas constantes en la República: falta de una mano dura de gobierno y mandos militares valientes y decididos.

Maquiavelo ocupado de la madrugada a la noche en la formación del ejército no se daba cuenta que éste no estaba en condiciones de repeler una invasión de soldados profesionales bien entrenados y con vasta experiencia, como los mercenarios españoles que acompañaban a los Médicis, que incluían hasta los temibles soldados árabes. Toda esta fuerza integrada por hombres con la fama de sanguinarios y crueles, no amantes de la piedad y el decoro, y de las leyes tradicionales de la guerra en el respeto al enemigo vencido.

Fue así que una vez enfrentados ambos bandos en el cerco de Prato, ciudad situada a unos quince kilómetros de Florencia, con buena fortificación, los asaltantes mercenarios lograron abrir un boquete en las murallas de la ciudad y acto seguido las milicias huyeron despavoridas, dejando el campo y la ciudad libre a los atacantes que la saquearon, sometieron al pillaje, violaron a sus mujeres y asesinaron a muchos de sus habitantes, convirtiendo la plaza en un baño de sangre y segando la vida de miles de personas, la mayor parte civiles.

Una vez tomada Prato por los españoles, el pánico cundió entre los florentinos que se dispusieron de inmediato a poner bajo arresto y después expulsar a su Signaría: el Confaloniero perpetuo Piero Soderini, destituir los miembros del Consejo y entregar la ciudad a los invasores.

De esta forma, a mediados de septiembre de 1512, los Médicis, después de 18 años de ausencia, volvieron a convertirse en los amos y señores de la capital del Renacimiento acompañados por un séquito de cortesanos ineptos y ambiciosos y bajo el estandarte de los tercios españoles.

No sabemos si el papa Julio II, pocos meses antes de morir, hubiese reprobado lo que ocurría en la ciudad del Renacimiento, pues aunque había protegido a los Médicis cuando huyeron de Florencia, no conocemos hasta que punto hubiese permitido los desmanes de las tropas extranjeras y mucho menos que éstos volvieran a dictar tiránicamente los destinos de los florentinos y para colmo, uno de aquellos, el Cardenal Giovanni de Médicis accedería al poder papal en breve, después de un gobierno de tránsito, bajo el nombre de León X en lo que sería en los años venideros la época de mayor corrupción de la Iglesia.

El viejo y beligerante Papa, antiguo Cardenal De LlaRovere, moría pocos meses después, en febrero de 1513 a la edad de setenta años, después de ver coronado con éxito sus campañas militares y sus planes para fortalecer la Iglesia por medios bélicos y otros no convencionales. La iglesia y los Estados papales eran más fuertes en el momento de su muerte, se habían expulsado a los extranjeros, salvo los españoles aliados de los Médicis y los que gobernaban Nápoles, también los franceses habían abandonado Italia y se había reconquistado Génova y Milán, esta última de nuevo bajo el gobierno de los Sforza.

Durante su gobierno el Vaticano inició en 1506 la construcción de la Basílica de San Pedro en que trabajaría Miguel Ángel, a quien se debe entre otras cosas el magnífico diseño de la cúpula, en que sobresale sobre todo su obra genial, *"La piedad"*. En el sepulcro del monarca de la iglesia había trabajado también el escultor y pintor florentino, aunque solo terminó *"el Moisés"*, siendo los discípulos del creador del *"David"* quienes culminaron la obra. La propia imagen del Papa había sido reflejada en un magnífico retrato por el pintor más renombrado de la época, Rafael Sanzio. Sólo no había trabajado para él el rebelde y circunspecto Leonardo da Vinci, si bien lo haría con León X, aunque con desgano y falta de motivación, también con demandas poco exigentes y por debajo de su genio y calidad artística, porque a decir verdad, la figura de mayor relieve del Renacimiento se dedicó en Roma más que a pintar, a estudiar el cuerpo humano con su elevado genio detallista.

Así que Julio II, el *Papa Guerrero*, como interlocutor de Maquiavelo, el autor del *"príncipe"*, lograría que éste último tuviera que destacar: que bien por la *fortuna,* su arrojo personal, el "apoyo de los cielos", o la situación histórica que se pintaba favorable para el jerarca de la iglesia, había logrado todos sus objetivos. Combatió y ganó batallas, fortaleció el papel y el poder de la iglesia, fue un mecenas de las artes y dejó un legado espiritual y físico de su corto pero intenso reinado, a más de humillar y limitar el poder de Venecia y Florencia, y salvo los españoles no dejar extranjeros en territorio italiano.

Una vez los Médicis dueños de nuevo, o controlando a través de terceros el gobierno de Florencia, un miembro de esta familia, Giovanni, pronto a sentarse en el trono papal al frente del Vaticano y otro siguiéndole los pasos, así como otros al mando de la ciudad: la suerte de la villa se mostraba gris y poco esperanzadora; y con ella la de su ciudadano más patriótico, resignado a claudicar por la fuerza de los acontecimientos, Nicolás Maquiavelo, cuya caída solo era cuestión de tiempo como en efecto ocurrió. Primero fue despojado de sus humildes cargos y después vilmente acusado de una burda conspiración en la que cualquiera se hubiese dado cuenta que no podría estar incluido el destacado político. Pero éste fue injustamente acusado y fue a dar con sus huesos a una sucia y fría mazmorra donde incluso también fue torturado, para que confesara culpas que realmente no tenía, por lo que no le pudieron arrancar ni una sola confesión.

Los jóvenes conspiradores que habían tratado de organizar la insurrección fueron ajusticiados y los demás presos corrían la suerte de aguardar un destino semejante. Maquiavelo no podía esperar algo diferente, pues su nombre estaba ligado al de la República que había depuesto a los Médicis, a pesar que su nombramiento de Secretario no era un cargo tan alto que mereciere esta pena, pero cualquier cosa podía ocurrir, por lo que envió misivas rogatorias solicitando el perdón a los gobernantes de la ciudad y a los propios Médicis, pero al parecer hicieron caso omiso de sus súplicas.

La suerte, si se llama suerte, al final acudió a los condenados y en las festividades de la coronación del Papa León X (Giovanni de Médicis) éste ordenó el perdón de los convictos de cualquier delito, incluyendo los políticos, por lo que Nicolás Maquiavelo fue liberado, aunque se le prohibió el acceso a cualquier edificio de gobierno. De más está decir que ya había sido revocado de su nombramiento de Secretario, tampoco podía acercarse a Florencia y por un año no salir al extranjero por absurdo temor a que conspirara con otros gobiernos.

Prácticamente era condenar en vida al ilustre político, pues se le prohibía realizar todas las cosas a las que estaba acostumbrado en los últimos quince años, y la posibilidad de seguir luchando por Florencia. Con esto se le enterraba en vida, y en efecto en lo que era la política práctica Maquiavelo no pudo ejercerla más hasta en las postrimerías de su vida, cercano a su muerte en 1527.

Ya en el destierro al *hacedor de príncipes* le quedaba un arma que ni el propio Maquiavelo percibía o no había dado a conocer, que era su ágil pluma acompañada de su inquieto intelecto y la posibilidad ahora, sin las ataduras de la labor política activa, de plasmar por escrito sus meticulosas observaciones y las conclusiones sacadas de éstas, así como desplegar su inmenso genio artístico y político en una rica labor literaria que culminaría con darle fama, gloria y alzarlo a la posteridad, aunque esto fue mucho después de su muerte, como ocurrió con muchas figuras del pensamiento y el quehacer humano, para vergüenza de sus contemporáneos, aparentemente ilustres en el presente y condenados u olvidados en los tiempos futuros.

Las obras principales de Maquiavelo se publicaron

después de su muerte con excepción de *el arte de la guerra* y una comedia que respiraba a voces su aliento y suspicacia política, una elegante y sencilla pieza teatral en prosa, digna de los mejores dramaturgos de todos los tiempos: "*La Mandrágora*", para deleite de los florentinos, principalmente de sus mujeres, en cuyos salones se escenificó con frecuencia y que aun ha llegado con frescura hasta nuestros días, no solo en el teatro sino en el cine donde recuerdo aún una magnífica película en la década del 60 (1965) de Alberto Lattuada y con la actuación de Rosanna Schiaffino con todos los ingredientes de la picaresca florentina de la época que dibujó brillantemente Maquiavelo.

"*La mandrágora*" con muchas razones está considerada una obra relevante del teatro europeo y de todos los tiempos y en ella se respira por todos los poros el espíritu de político de Maquiavelo, como táctico y estratega en una conquista, la del amor de la joven Lucrecia, en que para lograrlo se hace necesario la persuasión, la intriga, la manipulación y al final: la astucia y el engaño, para vencer al enemigo y superar todas las dificultades, independientemente de lo ético o no de los medios empleados, en este caso muy poco convencionales y censurables éticamente.

Con justicia los florentinos hubiesen deseado y puede que le hayan pedido que escribiera más obras como aquella, pero "*la mandrágora*" solo había sido una distracción del genio, tal vez un pedido para solventar alguna apresurada

78

carencia económica de mucho apremio, porque su verdadera pasión, la política no había cedido ni un ápice, aunque ahora bajo el signo de la desgracia como veremos a continuación.

UN RÉQUIEM PARA MAQUIAVELO
II. EL DESTIERRO.

1.-LA CAÍDA DEL HACEDOR DE PRÍNCIPES.

Cuando hablamos del destierro de Nicolás Maquiavelo no puede verse este como tal, pues lo menos que deseaba el gobierno bajo la tutela de los Médicis era ver a aquel genio de la diplomacia y la política fuera del territorio de Florencia, necesitaban tenerlo cerca, vigilado y controlado; por lo que el destierro se redujo a la no posibilidad de visitar recintos de gobierno florentinos, residir lejos de la ciudad en su casa de campo y no ausentarse del país. Mientras tanto podía vivir libremente en su modesta posesión familiar campestre a pocas leguas de Florencia, junto a su buena y delicada esposa Marietta Corsini, cuidar de su hijos y familia, hablar libremente con los campesinos y lugareños, disfrutar de sus simples pasatiempos, y mucho más adelante hasta frecuentar los círculos del pensamiento artístico e intelectual, así como participar como un florentino mas de las conversaciones políticas y chismorroteos sociales propios de aquellos círculos.

Para un ciudadano común no dotado del genio, ni de las inquietudes políticas de Nicolás Maquiavelo, y que no hubiese estado durante quince años trotando por toda Italia y los países vecinos, esto no podría verse como un castigo, sino como unas vacaciones o retiro involuntario, en un idílico lugar de descanso de la agradable región de la Toscana; pero para el autor de *el príncipe* esto constituía un terrible y severo castigo. Se ahogaba en aquella inactividad obligada, había probado el placer, el dulzor de la miel de la política, no como un aprovechado, un arribista, o un corrupto, sino por amor, por vocación, por patriotismo, como una mente superior, un maestro de la alta política que censura constantemente el mal gobierno de su ciudad y de los estados vecinos, cuyas noticias devoraba con ansias y con un apetito insaciable.

En esos tiempos aciagos hizo lo humanamente posible para salir de su obligada inactividad y de su alejamiento de la política y de la sociedad florentina. Le escribió con frecuencia a sus amigos, o los que quedaban de ellos, o estaban dispuestos a aceptar su amistad en la desgracia, en los que detalla su vida y su *condenada* existencia en cartas que son un lamento, un llamado a un auxilio, a un perdón por faltas que no había cometido y porque además, él estaba dispuesto a colaborar lealmente con el nuevo gobierno bajo la tutela de los Médicis; porque en esencia no había notado que la República hubiese sido muy superior, pero chocaba con la negación de Giulio de Médicis primero y de Lorenzo después, que solo mostraban la incapacidad de gobernantes entronados en un Reino que no se habían ganado, que no habían merecido, y ni hacían nada por merecer. Pero además, estaba la barrera, el muro infranqueable de los cortesanos que no simpatizaban con el antiguo Secretario de la Consejería, por su apoyo e identificación con la República recién suprimida, pero más que todo por su sombra, por su genio y capacidad intelectual muy superior a la de ellos.

Sí, había temor del genio, de la sagacidad, habilidades políticas y diplomáticas de Maquiavelo, y aquel maestro del temor en *"el príncipe"*, sufrió las represalias del miedo, ya como persona, ya como ex Secretario de la República recién derrocada y como un posible opositor extraordinariamente temible. Por eso, y por otras nimiedades y miserias humanas, más que políticas, Giulio y Lorenzo II de Médicis, no el *"Magnífico"*, habían prescindido de los servicios del más eficiente político de su tiempo.

Que Maquiavelo mal soportaba su destierro se plasma en sus cartas a sus amigos, que son como un triste lamento donde describe el día a día de su *"fatal existencia"*:

"Vivo en mi ciudad y, no obstante, desde los últimos infortunios sufridos, no creo con todo haber estado ni veinte días en Florencia. Hasta ahora me he divertido en tender trampas para los tordos con mis propias manos; me levantaba antes del alba y disponía mis varitas untadas con liga e iba cargado con un paquete de jaulas a la espalda, al igual que Geta cuando volvía del puerto cargado con unos libros de Anfitrión. De ordinario cogía

dos tordos, pero nunca más de siete. Así es como pasé todo el mes de septiembre. ... Por tonta que parezca, he echado de menos esta distracción, para mi gran pesar, y así es cómo he vivido desde entonces: me levanto con el sol, voy a uno de mis bosques, que estoy haciendo talar, donde paso dos horas examinando el trabajo hecho la víspera por el leñador y hablando con los trabajadores, que siempre andan en dimes y diretes entre sí o con los vecinos..."

"En la hospedería, encuentro de ordinario al hospedero, un carnicero, un molinero y dos horneros de cal; me encanallo con ellos el resto del día, jugando a cricca y a tablas reales, estallan mil disputas y a los arrebatos se añaden las injurias, la mayoría de las veces nos acaloramos por un cuarto, y el ruido de nuestras peleas se hace oír hasta en San Casciano"

"Así es como, hundido en esta innoble existencia, intento impedir a mi cerebro enmohecerse, de este modo doy rienda suelta a la malignidad de la fortuna que me persigue; estoy satisfecho de que haya utilizado este medio para pisotearme y quiero ver si no tendrá vergüenza de tratarme siempre de este modo"

En la noche *"Me pongo la ropa de corte o mi traje y, vestido con decencia, entro en el santuario de los grandes hombres de la antigüedad"*

"Me sustento con ese alimento hecho únicamente para mí

y para el cual he nacido. No temo conversar con ellos y pedirles cuentas de sus acciones. Ellos me responden con bondad; y durante cuatro horas escapo al tedio y olvido todas mis penas y mi pobreza, y la muerte no podría asustarme; me transporto con ellos, todo entero"

Estos párrafos forman parte de una extensa, elocuente y al parecer sincera carta dirigida a su amigo Francesco Vettori, ex embajador de la República y ahora favorecido por los Médicis con iguales responsabilidades en el Vaticano. En ella se muestra el estado de desesperación de Maquiavelo. Él había acompañado al destinatario en misiones en el extranjero, sobretodo en su viaje a Alemania para negociar con el Emperador Maximiliano I sus exigencias monetarias a Florencia. En aquella ocasión aquel había sido su superior, aunque como siempre el peso del trabajo había recaído sobre los hombros del *Secretario* de la Cancillería.

Tiempo atrás este singular personaje había servido a la República, pero como un aristócrata más de Florencia, y sobre él solo había caído levemente el castigo de los Médicis con los que se alineo hábilmente tan pronto le fue posible, por lo que ahora se desempeñaba como Embajador en Roma ante su Santidad, el Papa León X, Giovanni de Médicis.

No conocemos el grado de amistad existente entre ambos, pero la sinceridad con que escribe Maquiavelo hace notar que tenía esperanzas en que su interlocutor pudiese ayudarlo a salir del *destierro* en que se encontraba. En esos momentos Maquiavelo no actuaba como el sagaz político, sino ingenuamente, porque todos conocían en Florencia que el ex *Secretario* estaba en desgracia ante los Médicis, y ante los integrantes del gobierno manejado por estos. Bajo estas circunstancias, el otrora hábil político olvidaba sus preceptos básicos, en los que, de una forma u otra, se interpreta que si en algo se es ingrato es en *política*, y si la amistad en ella vale poco, menos aun cuando alguien cae en desgracia ante el poder o el gobierno, y este era el caso de Nicolás Maquiavelo.

Ante los florentinos era eso, un político en desgracia de quien era preferible alejarse, no estar cerca, relacionarse nada o lo más mínimo posible, además, él había sido acusado de conspiración un tiempo antes y aunque pocos dudaban de su inocencia, en política a veces es mejor aparentar que ser, y eso lo escribió el propio Maquiavelo en *"el príncipe"*, lo que hace probable que las ayudas por amistad fuesen pocas, y lo cierto es que sí hubo alguna, éstas darían muy poco resultado en los próximos años venideros.

Quien podría imaginarse ni por un momento, de que estas cartas desesperadas eran escritas por un hombre que se había codeado años atrás con las personalidades políticas más relevantes de Europa y de su tiempo: César Borgia, Duque de Valentino e hijo del Pontífice Alejandro VI, el Papa Julio II, el Emperador del Sacro Imperio Maximiliano I de Habsburgo y el Rey francés Luis XII.

Pero esta era la triste suerte que le había deparado el destino al insigne genio de la política y para muchos el creador de la política moderna, Nicolás Maquiavelo. Quizás podría interpretarse como un hábil juego del destino para obligarlo a escribir los libros, para algunos satánicos, donde se desnuda la política y el arte de gobierno de forma natural, sin ambages y con toda crudeza, detallando los métodos y medios que se emplean para lograr los propósitos de los gobiernos.

Esos métodos y medios, a veces nada ortodoxos y cubiertos de engaños, traición, crueldad o astucia, presentes incluso en la política actual en determinados casos y circunstancias, eran habituales en aquellos principados en lucha constante por sobrevivir como estados en un país débil y fragmentado, bajo la constante amenaza de las invasiones de rapiña de las potencias extranjeras vecinas: Francia, Alemania, y España, además de los mercenarios suizos, y qué contar de los turcos que libraban frecuentes guerras contra los estados italianos del Adriático, como la Serenísima, Venecia.

Y el destino se pintaba gris para el genio del Renacimiento, al parecer muy malo y poco esperanzador, pero con un fin, como si la *providencia* le hubiese asignado una tarea aun más importante y *gloriosa*, aunque muy cuestionada esta última y durante muchísimo tiempo. A él le tocaría describir como con un pincel semejante a Bottichelli, Rafael, Miguel Ángel y el genial Da Vinci, el paisaje o el cuadro, el retrato de la política, de los gobiernos, y escudriñar con todo detalle lo que ocurría en la misteriosas esferas del poder, para develar las leyes y los principios por los que se regía el intrincado mundo de la dirección y el gobierno de los hombres, como escribiría el mismo;

"Porque así como aquellos que dibujan un paisaje se colocan en el llano para apreciar mejor los montes y los lugares altos, y para apreciar mejor el llano escalan los montes". (Maquiavelo en *el príncipe*)

Y él, Nicolás Maquiavelo se situó en las llanuras de la Toscana, en el Renacimiento renovador, violento, impredecible y efervescente: para observar y describir el mundo de la política, tal cual era, sin ambages, ni ambigüedades, y lo que observó y se vio obligado a describir, por vocación o necesidad, además que plasmó con su pluma, fue duro, a veces cruel y miserable, donde los vencedores no eran siempre los mejores, ni los que merecían la victoria, sino que la conseguían mediante argucias, con métodos poco convencionales o nada ortodoxos, pero esa era la cruel y cruda realidad de los gobiernos de la época, y tristemente también en épocas anteriores y venideras.

Nos imaginamos que los primeros meses para Maquiavelo, *el hacedor de príncipes,* aquello debió ser una tortura irónica y lacerante, un dolor y una evocación constante a los viejos tiempos donde cabalgaba de una corte a otra hablando, discutiendo, convenciendo, negociando desde lo más elemental hasta lo más complejo, desde un poco de nitrato, harina, plomo etc., hasta la libertad de Florencia, el destino de Italia, y hasta del rumbo de Europa. Pero he ahí que como crueldad o decisión del destino, él, posiblemente el político más capaz de Italia y de aquellos tiempos, se encontrara cesante, alejado de la gran política, incluso de la propia Florencia.

Sí, se mantenía a Nicolás Maquiavelo alejado del teatro de la política, de esa sustancia espiritual moldeable y etérea que respiraba día a día y que era su principal sustento, porque podría decirse que el autor de *el príncipe*, amaba, vivía sumergido, soñaba, deliraba y pensaba solo en la política y éste, su alimentos básico había desaparecido de su mesa. No le interesaban las riquezas que podría haber obtenido mediante cualquier contubernio ventajoso bien pagado por un Estado o Potencia contrincante, o por inflar cuentas o negocios en los que participaba representando a la República, pero no, este era él, un original *príncipe,* una verdadera figura del Renacimiento.

Maquiavelo tampoco era un libertino, aunque podía vérsele como cualquier florentino medio en una taberna, o enredado en un pequeño lío de faldas, o participando en una discusión absurda y sin sentido acompañado con dos jarras de vino de más, pero no, él no era un hombre subordinado al vicio o al placer carnal, de los que podía prescindir como hacía en sus misiones diplomáticas frecuentes, en que no se molestaba conque la gloria y el placer de la hospitalidad fuese para los embajadores de las delegaciones que integraba. No, él como simple *Secretario* de la Cancillería iba a lo suyo y siempre un poco más, a observar, recoger información veraz y detallada, estudiar a los hombres con los que tenía que negociar y encontrar el momento preciso para, y con las palabras adecuadas, obtener lo mejor y más beneficioso para Florencia. Necesitaba en estos actos tener la mente limpia, despejada, y mostrarse ajeno, impasible a las lisonjas, para poder regresar con la misión cumplida, o al menos con la respuesta de que las negociaciones no arrojaban, por el momento el fruto esperado, que en definitiva significaban también el cumplimiento de una misión.

No, él no se dejaba comprar, ni vivía pendiente de la gloria propia, pues como un patriota desinteresado ésta la tenía reservada para Florencia y para Italia y, era la que no lograba por mucho que se esforzaba, pero al menos quería sentar las bases para cuando las condiciones fuesen las adecuadas, aunque él no viviese lo suficiente para verlo, como en efecto ocurrió.

Florencia era la cuna del Renacimiento y la ciudad más importante de las artes de su tiempo, pero él no se dejaba seducir ni siquiera por éstas, aunque vocación no le faltaba como se desprende de su obra literaria y en particular de las comedias que escribió como *Clizia* y *La Mandrágora*, entre otras. Conocía a Leonardo da Vinci, al final incluso cuando realizó una de sus últimas actividades en la fortificación de Florencia concurrió con

Miguel Ángel Buonarroti, el escultor del *David* desnudo, magno y desafiante en la plaza del ayuntamiento municipal, pero puede que solo le interesaban estos dos colosos florentinos como ingenieros y como genios en el diseño y construcción de obras militares.

Y ahora, pese a sus valiosos servicios a Florencia todos lo abandonan, lo miran con desprecio, tal vez como fénix caído. No hay compasión para el vencido, y aunque Maquiavelo odiaba y despreciaba la derrota él ahora está de este bando, el de los perdedores.

Maquiavelo lucha, necesita, le gusta estar donde se gana y no donde se pierde. Detesta la moral y los lamentos de los vencidos, incluso, puede que hasta su compañía, la de los hombre con mala suerte y desfavorecidos por la *fortuna*; pero él ahora es un hombre ubicado en el lugar de los vencidos, y no por actitud y falta de genio, o por cometer gruesos errores en el desempeño de sus funciones, salvo uno, el de sobrevalorar la capacidad militar de las *milicias florentinas*, su criatura preferida en *el arte de la guerra*.

Y no es que la vanidad de Maquiavelo lo llevara a no luchar por una causa perdida, hubiera sido capaz de hacerlo si considerarse que por ella se pudiese sacrificar todo su ingenio e intelecto y con gusto, si el motivo de la batalla valiese la pena, independientemente de lo inmenso de los contrincantes. Prueba de ello son sus misiones en la mayoría de las veces enfrentado a interese extranjeros, o de estados vecinos poderosos, pero en juego estaba una de sus dos prioridades: o bien Florencia, o bien Italia, y en estos casos aunque estuviese seguro que podría ser vencido con facilidad, él se exponía valientemente al sacrificio, aunque siempre estudiara exhaustivamente el terreno, al adversario, buscando sus más mínimas debilidades, para antes de caer, al menos herirlo de muerte, o causarle un daño que no olvidara jamás, o del que no pudiese nunca recuperarse.

En ese retiro obligado e involuntario pensaría, repasaría en su mente muchas veces que había hecho mal, donde estaban sus errores, como un ajedrecista que después de una costosa derrota revisa jugada por jugada para descubrir donde estuvo su error, qué posición descuidó, sí atacó cuando o por donde no debía hacerlo, o si descuidó sus defensas, y todo para que no volviera a ocurrirle lo mismo en próximos enfrentamientos. Porque aunque nunca se halla hablado al respecto, él era un Gran Maestro del Ajedrez Político, posicional, estratégico, agresivo o del contraataque después de una férrea defensa; pero un experto al fin, donde las piezas, los reyes, torres, alfiles, caballos, peones eran figuras humanas que ejecutaban un papel predeterminado en el gran tablero europeo de la época del Renacimiento.

En la soledad de su retiro, en las noches de meditación en su biblioteca y hasta al aire libre en los bosques y campos de labranza, seguramente meditó sobre la caída de *Prato* en el enfrentamiento con un tercio español inferior en número, aunque sabía que en la guerra a veces el número no es el que determina, sino la preparación de las tropas, su valentía y compromiso con la lucha, y hasta el terreno, el teatro de operaciones, y sobre todo la táctica y la estrategia mostrada durante el combate, ya sea una sola batalla o varias.

Con respecto a sus *milicias*, estas se habían formado de un día para otro y estaban integradas por personas inexpertas, indisciplinadas, temerosas e ineptas para el combate, llegadas del campo o de los arrabales de las ciudades, sin disciplina ni entrenamiento, ni adiestradas en la guerra, que blandían la espada o disparaban con el arcabuz por primera vez, o desconocían y se asustaban con el tronar de los cañones, o bombardas como se les llamaba en aquella época. Bajo estas condiciones no podían luchar cohesionadas bajo las órdenes de sus superiores, máxime si se considera que los mismos no mostraron todo el entusiasmo necesario, comandados por un viejo Condotiero, al parecer falto de motivación o estímulos, bajo La dirección de gobernantes indecisos.

Pero no solo estaba aquello, el enfrentamiento militar, estaba lo más importante, la propia debilidad de la República inmersa en múltiples intrigas y dividida desde dentro, lo que se podría traducir en que hasta algunos desearan su derrota y el retorno de los Médicis.

La división es el peor enemigo en vísperas de una batalla y Florencia estaba dividida y llena de individuos descontentos, que no mostraban interés, ni deseaban luchar y menos bajo la dirección de líderes incapaces e indecisos. Esto tal vez para Maquiavelo, aunque no lo escribiera, podría ser el elemento más importante que causara la caída de Florencia al enfrentarse al audaz, temible y bien entrenado tercio español, que tenía sus objetivos muy claros aunque fueran mercenarios: el dinero y las riquezas, y la principal prueba era que acompañaran a los Médicis, la familia por cientos de años más rica y poderosa de Italia, los *Mecenas o Padrinos del Renacimiento,* como podrían darse en llamar en la posteridad.

Maquiavelo entonces comprendería, que para que haya *nación* a la par tiene que haber un espíritu nacional, y para que haya *República* tiene que haber personas que piensen como republicanos. Es probable también que las aspiraciones populares no se hubiesen satisfecho por parte del Gobierno de su *Signoría* y que el termino *democracia* fuese solo en teoría, y que la dirección del Estado estuviese en manos de las familias más ricas y poderosas, pero no de los más capaces para conducirlo, y en eso el *Secretario* de la Consejería estaba bastante bien versado. En sus múltiples misiones diplomáticas había tenido como jefes o como interlocutores a este tipo de personas, que más que conducir la política, obstaculizaban sus movimientos, y Florencia no era un caso aparte de esto. Tampoco los dirigentes de muchos estados italianos de la época.

Tal vez, después de estas reflexiones y con tiempo suficiente pensase en escribir *"el príncipe"* y abandonara de momento sus reflexiones sobre los *Discursos de la Primera Década de Tito Livio*, uno de sus principales aportes al arte de la política, en que rebuscando en la antigüedad clásica trataría de develar los secretos de la democracia, donde la República de Roma había logrado sustentar las bases políticas y jurídicas de lo que sería el Estado más poderoso de los tiempos pasados.

Comprendía entonces, que para lograr de Italia una gran nación era necesario que sus ciudadanos pensaran con un fuerte sentimiento nacional y patriótico; y entonces, al igual que Confucio 2000 años antes, que había tratado de inculcar la idea de *"Caballeros"* para aquellos que conformaran el gobierno que debía ocuparse de dirigir y dictar normas sobre la ética, la moral, la educación y en definitiva sobre el destino y bienestar de la población; en esos momentos en Italia serían los *"Príncipes"* y esa identificación entre *Caballero* y *Príncipe* era acertada, pues el sabio oriental de la antigüedad se había encontrado con el mismo problema de un país dividido en las inmensidades del Oriente.

Por eso, con alguna diferencia en los matices, y desconociendo la labor del antiguo sabio chino de la antigüedad: Maquiavelo llegaba a conclusiones semejantes. Incluso partiendo de posiciones opuestas, pues si para Confucio los hombres eran buenos por naturaleza, para Maquiavelo esto no era totalmente cierto,

94

pues la mayoría de las veces se había encontrado con estadistas, jefes militares o gobernantes que actuando de forma diferente y nada benevolente, habían logrado sus propósitos, porque las más de las veces esa bondad que promulgaba Confucio no adornaba la actuación de los hombres y príncipes del Renacimiento. Pero al final, ambos pensadores habían llegado a la misma conclusión: que era necesario *príncipes o caballeros* formados ética y moralmente para dirigir la sociedad y lograr la unificación de China en otros tiempos, e Italia en la época renacentista.

Maquiavelo veía la política no subordinada a la moral, incluso tal vez podría valorarse de que entre ambas no fuese necesario una total o estrecha relación, por eso separó, y se manifiesta en su obra *el príncipe* esa separación de la ética de la política, siempre y cuando el Estado o los gobernantes tuviesen razones suficientes para obviarla de sus métodos y actuación de gobierno, por lo que podemos hablar además, de que para él era necesario a veces separar lo ideal de la política, esto es, *la naturaleza no ideal de la política.*

Para Maquiavelo el gobierno es como un proceso fisicoquímico, como una función de estado termodinámica en que solo importa el estado inicial y el final, no los mecanismos cinéticos por los que se lleva a cabo, aunque los describe. Esto es, se persigue un fin, un resultado que debe atenerse a la imposición o estabilidad del gobierno, que es lo más importante, y después se ajustarán los parámetros del proceso desde su estado inicial, sea un nuevo principado o uno antiguo, hasta el estado que se persigue, empleando cualquier medio. Y esto último, ese cualquier medio, aunque no lo escribe así exactamente, y los que se empleaban en la época podían estar alejados de los principios básicos de la ética, de la moral, que deben estar sometidas a la política, es lo que hace censurable su doctrina, al menos en estos aspectos.

En alusión a los aspectos anteriores, para Maquiavelo los hombres no son buenos ni malos, aunque pueden tender en ocasiones a actuar como lo segundo de acuerdo a las circunstancias, o movidos por intereses personales, patrióticos, materiales, religiosos o por ansias de poder para lograr un lugar en la historia, sobre todo cuando se tiene lo demás, sin que se pueda establecer una barrera entre la maldad o la bondad y el pensamiento y la actuación moral, o inmoral de los hombres.

Definir categóricamente que para el autor de *el príncipe* los hombres no son ni buenos ni malos nos puede llevar a una cierta contradicción pues en algunas partes de su obra dirigida a Lorenzo II el joven, él atestigua que generalmente actúan como malos, pero de ser así el comportamiento de Maquiavelo durante su vida no hubiese sido el mismo y no hubiese luchado con patriotismo por Florencia e Italia; pero si se trata de la política y está en juego el poder, considera que el gobernante debe pensar de forma precavida en lo segundo, en la maldad de éstos y es de lo que debe cuidarse, porque si son buenos como planteaba Confucio entonces no tendrá nada de que preocuparse, pero las lecciones de la historia del mundo occidental, con frecuencia atestiguaban lo contrario.

De esta manera, la virtud, los rasgos morales de un gobernante no debían estar subordinados a las palabras bondad, amistad, reciprocidad, compasión y humanismo, sino en muchos casos las contrarias, astucia, crueldad, engaño, traición, maldad, pero sobre todo, en cualquier caso: los gobernantes como elemento de esa virtud debían ser audaces, voluntariosos, tenaces, enérgicos, decididos, arriesgados y esa sería la *virtud* de la época, y es lo que se podía esperar que expresara alguien que lo observaba y analizaba todo escrupulosamente, hasta el más mínimo detalle, y había estado durante el suficiente tiempo con Catalina Sforza, César Borgia y los astutos cancilleres franceses y alemanes: como D'Ambroise y Mathias Lang, respectivamente, y que decir de su Santidad el Papa Julio II.

2.-UN MAQUIAVELO INGENUO, NO "MAQUIAVÉLICO".

La ingenuidad del gran político en sus momentos de desgracia lo condujo, poco más de dos años después de su caída, confiada, e inconscientemente a un estado emocional crítico y lamentable, cuando todos sus esfuerzos por ser restituido en su merecido puesto resultaron en vano, pese a las esperanzas que él había depositado en *el príncipe* y, más aun, cuando fue utilizado *maquiavélicamente* por los Médicis entre 1514 y principios de 1515, previo al descalabro de la presentación de su obra dedicada a Lorenzo II de Médicis, tal como se muestra en varias cartas que se cruzaron él y amigo Francesco Vettori, posteriores a su desesperada misiva de diciembre de 1513. Y es que la compleja situación de Italia y de Europa en su conjunto, demandaban los servicios del genial político. (Anexo I).

Hacia 1514 poco más de un año del destierro y separación de la política de Maquiavelo por los Médicis, estos se vieron obligados a emplear sus servicios pero no lo hicieron abiertamente, sino hábilmente, de forma indirecta, a través de su amigo Francesco Vettori, que servía en Roma como Embajador de Florencia. Y quien realmente precisaba con urgencia de sus consejos era nada más y nada menos que su Santidad el Papa León X, Giovanni de Médicis, en asuntos muy delicados relacionados con la posición que debía adoptar la Iglesia y los ejércitos pontificales ante los conflictos bélicos que parecía se avecinaban entre las potencias europeas, lideradas por Francia y España, con posible participación de los suizos, los ingleses y el Imperio germano, y que podrían tener como escenario el territorio italiano.

A este tipo de problemas se había enfrentado con frecuencia el Secretario de su Signoría, para que en los frecuentes enfrentamientos entre los estados italianos con participación, o no, de las potencias europeas, determinar la posición que tomaría Florencia en dichos conflictos y que menos afectara a la República, o incluso la beneficiara. En esto que era, y es actualmente un asunto sumamente grave e importante, el *hacedor de príncipes* se había convertido en toda una autoridad, y pese a que los Médicis quisieran tenerlo lejos de su vista y apartado de la política, se vieron obligados de forma indirecta a contar con sus servicios, aunque sobre esto poco se ha comentado.

La petición de consejos de Francesco Vettori en varias cartas enviadas a Maquiavelo, en 1514, como si fuera un mandato directo del Papa, aunque realmente lo era a través del Cardenal Giulliano de Médicis, pero a los efectos daba lo mismo, recibió prontas respuestas del genial político florentino, cuyo contenido constituye una excelente disertación o pequeño manual sobre el arte de la toma de decisiones, incluido en extensas misivas que han llegado hasta nuestros días y que son el reflejo, el corolario de lo expuesto por él en *el príncipe*, en este caso en una situación no pasada, sino que podría ocurrir. Estos consejos mantienen una actualidad vigente en torno a lo que hay que hacer y qué partido, o alianza realizar, en situaciones de enfrentamientos ajenos semejantes, sea en el campo de la política o en cualquier otra esfera de la actividad humana.

Veamos entonces una prueba al respecto entre algunas cartas que se cruzaron Francesco Vettori y Nicolás Maquiavelo en el año de 1514, que se muestran después íntegramente en los anexos, pero que aquí destacaremos solamente algunos párrafos, que puedan dar una idea al respecto.

**Francesco Vettori a Nicolás Maquiavelo,
Roma, 16 de mayo de 1514.**

De vuestras suposiciones... Apruebo la primera: que el rey de España, después de entrar en Italia, ha sido la causa de que ésta estuviera siempre en guerra, y que esto lo ha hecho porque pareciéndole que no tenía bien apuntalado el reino de Nápoles, y al ver alguno más fuerte que él, ha temido por la propiedad de aquel estado y ha inspirado desconfianza en otros, con el fin de recabar partidarios para debilitar el que creía más potente. No me parece, sin embargo, que el sienta el mismo o mayor recelo respecto del Papa...que el que él tenía respecto de Francia...Ahora...el papa no puede expulsar a los españoles por si mismo...no tiene partidarios en el Reino; es un hombre inclinado a la tranquilidad, no tiene las armas consigo, sino que tiene que confiarse a otros... Por todo ello concluyo que España tenía más que temer del Rey de Francia cuando este era señor de Milán, que en el momento presente del Papa...

Estoy de acuerdo con vuestra opinión de que a España no le conviene la guerra transalpina entre Francia e Inglaterra, y que desea pararla por las razones mencionadas...

Francesco Vettori a Nicolás Maquiavelo, Roma, 3 de diciembre de 1514.

*...Me gustaría que ahora me respondieras a lo que os pregunte; pero antes, os hago presuponer...que el papa desea mantener a la Iglesia en la dignidad espiritual y temporal que la encontró, y en la misma jurisdicción o más bien acrecentarla. Doy por supuesto...que el Rey de Francia quiere hacer todo lo posible para recuperar el Estado de Milán, y que los venecianos se han aliado con él...Presupongo que el Emperador, el católico y los suizos están unidos para impedirlo. Os demando entonces **qué debe hacer el Papa, según su opinión**: en caso de aliarse con el Rey de Francia, qué puede esperar*

de él, si vence, que puede temer, si pierde; qué puede temer de los adversarios, si se une a él ; si se alía con los otros qué puede temer de Francia en caso de vencer, y qué puede esperar o temer de los adversarios de Francia, si ganan; si se mantiene neutral, qué ha de temer de Francia si vence, o de los otros si son ellos los que vencen. Y si no os parece mal aún, en caso de estar con el Emperador y el Católico, en qué medida les convendrá a estos engañarlo y llegar a un acuerdo con Francia; y, por último, si juzgáis que, en caso de que los venecianos abandonen a Francia y lleguen a un acuerdo con los demás, al papa le convendrá unirse a ellos, para impedir que Francia entre en Italia.

*Sé de cierto que mi pregunta es difícil, y que yo la he explicado con más confusión que otra cosa. Vos, con vuestra prudencia, talento y experiencia, entenderéis lo que he querido decir mejor de lo que yo lo he escrito. Y me gustaría que me expusieseis de tal manera esta materia. Como si vuestro escrito lo fuera a ver el papa; y no penséis que me voy a atribuir los honores, porque os prometo, que cuando lo juzgue oportuno, **la mostraré como vuestra**...Debéis también tener en cuenta...que la tregua entre Francia y España termina a principios de abril y...que al rey de Inglaterra no le gustará que el rey de Francia se haga fuerte en Italia**...** y haya firmado la paz. Examinad todo; sabiendo de vuestro talento, aunque hayan pasado dos años desde que cerrasteis el negocio, no creo que hayas olvidado el oficio.*

Franciscus Victurius, Embajador en Roma.

Nicolás Maquiavelo a Francesco Vettori, Florencia, 13-14 de diciembre de 1514.

Vos me preguntáis qué partido debiera tomar la Santidad de Nuestro señor, queriendo mantener a la Iglesia con la grandeza que la encontró, en caso de que Francia, con la alianza con Inglaterra y con los venecianos, quisiera recuperar de algún modo el estado de Milán, y, del otro lado los suizos, España y el Emperador se uniesen para defenderlos. Ésta es, en efecto, la cuestión más importante que vos planteáis: y, puesto que todas las demás dependen de aquella, habrá que aclararlas para que ésta se aclare bien. Yo creo que desde hace veinte años no sucedía un problema tan grave, ni conozco circunstancia alguna del pasado tan difícil de entender, tan delicada de enjuiciar, y tan arriesgada en su resolución y seguimiento. Sin embargo, obligado por vos, entraré en esta materia y discurriré sobre ella, si no con suficiencia, al menos si con honradez.

Cuando un príncipe quiere saber qué suerte tendrán dos que combaten entre sí, es necesario que antes mida las fuerzas y la virtud de ambos....

...Porque los pueblos quieren lo que quieren sus reyes, no los reyes lo que sus pueblos.

En cuanto al temor, debéis tener en cuenta que muchas veces se aumenta el estado pero no la fuerza; y si consideráis bien el caso, veréis que el Rey de Francia, conquistando dominios en Italia, respecto de Inglaterra, está agrandando el estado pero no sus fuerzas: porque sus fuerzas para atacar aquella isla serán las mismas con o sin territorios en Italia...

Deseáis también saber qué amistad sería menos gravosa para el papa, la de Francia o la de los suizos, si ambos vencieron con su ayuda. Os respondo que los suizos y sus aliados vencedores mantendrían la palabra y los estados prometidos en su momento al papa; pero de otra parte, tendría que soportar las molestias producidas por el vencedor. Y porque yo creo que los verdaderos vencedores serían los suizos, tendría que soportar sus insolencias, que serían al punto de dos clases, una, sacarle dinero; la otra, quitarle amigos. Porque el dinero que no quieren los suizos en estos principios de la guerra, podéis estar seguros que lo exigirán a toda costa cuando finalice... porque si hasta ahora ellos han hecho compañeros, en el futuro harán subordinados y censatarios;... Por esta vía, y muy pronto si ganan la guerra, dictarán las órdenes a vos, al papa y a cualquier príncipe italiano... Y si vos dijerais: "para esto hay remedio, porque todos nos uniríamos contra ellos", os digo que esto sería un segundo error y un segundo engaño: porque es difícil conseguir la unión de muchos dirigentes contra uno sólo y, una vez conseguida, es difícil mantenerla. ...Y es que si aquel contra quien están los conjurados tiene la virtud suficiente para no convertirse en humo al primer envite.

*Si queréis saber lo que creo que el Papa debe temer de los suizos, teniéndolos por aliados, concluyo que puede temer tributos inmediatos y, en poco tiempo, su servidumbre y la de toda Italia, sine spe relamptionis (*sin esperanza de redención)*, tratándose de una república bien armada, que no tiene parangón con ningún otro príncipe o potencia... En definitiva, de cualquier lado que caiga la victoria, veo que la iglesia está a discreción de los demás, por eso pienso que es mejor estar a discreción de quienes son más razonables y que ya se conocen por situaciones pasadas, y no estar a merced de aquellos que no conociéndose bien, yo no sabría enjuiciar que quieren hacer.*

Permanecer neutral me parece que nunca le fue útil a nadie, cuando se cumplen las siguientes condiciones: ser menos poderoso que cualquiera de los que combaten, y tener sus estados mezclados con los de quienes combaten. Y debéis considerar primero que no hay nada más necesario para un príncipe, que gobernarse con sus súbditos y los amigos o vecinos, de modo que no se haga odioso o despreciable. Y si debe descartar una de estas dos cosas, puede despreocuparse del odio, pero debe guardarse del desprecio. Yo juzgo que quien permanece neutral necesariamente será odiado por quien pierde, y despreciado por el vencedor: y en cuanto a uno empiezan a no tenerle en cuenta, y lo consideran un amigo inútil y débil, puede temer que recibirá todo tipo de injuria y que se planeará contra él toda ruina...Y si alguien dijera: "Esto es verdad, algo perderemos, pero algo conservaremos", le respondo que es mejor perder todo con virtud que una parte con vituperio, y que no se puede perder una parte sin que tiemble todo

Nicolás Maquiavelo a Francesco Vettori, Florencia, 20 de diciembre de 1514.

Magnífico Embajador: Vos me habéis puesto en un estado de gran agitación, por lo que si os canso escribiéndoos, decid la culpa es mía que se lo dije. Yo me temo que en la respuesta a vuestras preguntas os haya parecido que paso demasiado ligeramente por alto el asunto de la neutralidad...Y, por cuanto respecto a la neutralidad, opción que muchos aprueban, a mi no me agrada, porque no recuerdo ni en las cosas que he visto, ni en las que he leído, que nunca fuese de provecho, más bien, ha sido siempre muy perniciosa, porque hay pérdida cierta y aunque las razones vos las sabéis mejor que yo, con todo quiero recordároslas.

Si yo debo aliarme con uno de los dos, y entiendo que aliándome a uno le doy una victoria cierta, y si al otro una victoria dudosa, creo que me decantaría siempre por la victoria cierta, posponiendo todo otro compromiso, todo temor y cualquier otra cosa que supusiese un problema...

Después de aquellas cartas, Maquiavelo quizás pensase que su incorporación de nuevo al mundo de la política era cuestión de tiempo, de muy poco tiempo, tal vez después de la presentación de su obra *el príncipe* a Lorenzo II de Médicis, por lo que llega a mostrarse una luz de esperanza para el genio que se siente nervioso y a la vez optimista. Pero todo este optimismo se vendrá abajo cuando vea que sus esfuerzos y desvelos caen en saco roto, que ni los sabios consejos que trasmitió a los Médicis a través de Francesco Vettori, ni su monumental obra *el príncipe* daban resultados, y que él y su familia se encontraban expuestas a todo tipo de vicisitudes: incluso materiales, y a un futuro incierto e inseguro, lo que lo llevará al máximo de su estado de desesperación en el verano de 1515, tal vez el año más aciago de su vida, y que se prolongaría hasta el siguiente, donde el genio se ve disminuido, opacado, inmóvil y envuelto en quejas y lamentos, Por suerte, como ocurre con frecuencia en casos semejantes, acudirá en su auxilio el manto familiar, sí la familia completa de los Machiavelli, que toda unida se mueve con premura para sortear la tormenta que se avecina.

Después de esto su correspondencia se hace limitada, al menos en los meses siguientes, y es más bien familiar, aunque en ella se mantiene el lamento del genio: *"ya que la fortuna no me ha dejado otra cosa que parientes y amigos, en los que yo cifro ahora mi capital, y particular mente a los que más me importan...*" (Carta de Maquiavelo a Giovanni Vernacci, Florencia, 19 de noviembre de 1515), anteriormente también le había expresado: "*Si últimamente no te he escrito, me gustaría que no me acusaras ni a mi ni a nadie, sino solo a los tiempos que vivimos, porque han sido y siguen siendo tales que me han hecho olvidarme de mi mismo*" (Al propio Vernacci, Florencia, 18 de agosto de 2015).

Por último, en 1516, da fe en otra comunicación a Vernacci sobre su lamentable estado de ánimo: "*Por lo que a mi se refiere, me he vuelto inútil para mi, para los parientes y para los amigos, porque así lo ha querido mi dolorosa suerte. Y no tengo, o mejor dicho, no me ha quedado otra cosa buena que mi salud y la de todos los míos. Voy contemporizando para poder coger a tiempo la buena fortuna si es que se ofreciese, y si por si no se ofreciese para tener paciencia*" (Carta a Vernacci, 15 de febrero de 1516).

3.-EL PRÍNCIPE PARA "UN PRÍNCIPE".

En los momentos de su destierro y embriagado de candidez, nostalgia, aburrimiento y pesar, puede que también de justo resentimiento, el verdadero *príncipe* de la política, o para ser más exacto, de la teoría política moderna, Nicolás Maquiavelo, no se rendía y seguía tratando de acceder al puesto que consideraba le correspondía en los destinos de Florencia e Italia, como la única mente clarividente que podría aconsejar y conducir a un verdadero paladín a lograr la unificación de las ciudades y estados italianos, y en gran medida la libertad de sus ciudadanos.

Pero estaba atado, bloqueado, cercado por todas partes y el tiempo transcurría y no le daban esa oportunidad, bien los poderosos Médicis, los intrigantes y envidiosos cortesanos o su mala fortuna. Fue entonces que acudió a un ardid político que en otros momentos le hubiese dado resultado en sus múltiples negociaciones anteriores; porque en política los acuerdos, los pactos, los convenios tienen otro significado "el de yo te doy y tu me das", con tal motivo preparó durante unos tres meses, que pudiese parecer mucho tiempo, pero que en realidad no lo era, su magna ofrenda para en esos momentos el hombre más poderoso de Florencia, Lorenzo II de Médicis, y ésta fue su controvertida, discutida, cuestionada y vuelta a leer para volver a repetirse el proceso anterior: *El Príncipe*

Por eso escribe en el inicio de *"el Príncipe"*:

Los que desean congraciarse con un príncipe suelen presentádsele con aquello que reputan por más precioso entre lo que poseen, o con lo que juzgan más ha de agradarle; de ahí que se vea que muchas veces le son regalados caballos, armas, telas de oro, piedras preciosas y parecidos adornos dignos de su grandeza. Deseando, pues, presentarme ante Vuestra Magnificencia con algún testimonio de mi sometimiento, no he encontrado entre lo poco que poseo nada que me sea más caro o que tanto estime como el conocimiento de las acciones de los hombres, adquirido gracias a una larga experiencia de las cosas modernas y a un incesante estudio de las antiguas. Acciones que luego de examinar y meditar durante mucho tiempo y con gran seriedad, he encerrado en un corto volumen, que os dirijo.

Podría parecer mucho tiempo el dedicado a su regalo, a su moneda de cambio, tres meses, pero éste era de tanta valía que nos parece sorprendente que en tan solo 90 días o un poco más, alguien hubiese realizado un retrato tan acabado de la política de Italia y de la época: de los gobiernos y sus gobernantes, de cómo acceder al poder y cómo retenerlo o perderlo y, en fin todo lo necesario para gobernar un reino estable y moderno, como Florencia, joya del Renacimiento y a la vez aprovechar todas las potencialidades materiales y el prestigio del apellido Médicis para llevar a cabo la labor más encomiada que necesitaba Italia, su emancipación completa y verdadera, y quedar en la historia a la altura de los grandes hombres, como Julio César o Alejandro Magno.

Su oferta claro está fue *"el príncipe"*, el libro que en pocas decenas de páginas contiene la ansiada panacea de la política: los secretos del poder y de los gobiernos. Era una oferta que para un verdadero hombre de estado hubiese resultado muy tentadora y que no dudara ni un instante en aceptarla y colmar de favores a quien tan generosamente la otorgaba, a pesar de que aquel solo pidiese a cambio, volver a servir humildemente a Florencia e Italia, como un simple funcionario de nivel secundario

Por eso, *el hacedor de príncipes,* en el final de la misma introducción escribe:

"Acoja, pues, Vuestra Magnificencia este modesto obsequio con el mismo ánimo con que yo lo hago; si lo lee y medita con atención, descubrirá en él un vivísimo deseo mío: el de que Vuestra Magnificencia llegue a la grandeza que el destino y sus virtudes le auguran. Y si Vuestra Magnificencia, desde la cúspide de su altura, vuelve alguna vez la vista hacia este llano, comprenderá cuán inmerecidamente soporto una grande y constante malignidad de la suerte".

También sugiere sutilmente para evitar la desconfianza de los Médicis por sus servicios a la República:

Sólo diré esto: que los hombres que al principio de un reinado han sido enemigos, si su carácter es tal que para continuar la lucha necesitan apoyo ajeno, el príncipe podrá siempre y muy fácilmente conquistarlos a su causa; y lo servirán con tanta más fidelidad cuanto que saben que les es preciso borrar con buenas obras la mala opinión en que se los tenía; y así el príncipe saca de ellos más provecho que de los que, por serle demasiado fieles, descuidan sus obligaciones

Y puesto que el tema lo exige, no dejaré de recordar al príncipe que adquiera un Estado nuevo mediante la ayuda de los ciudadanos que examine bien el motivo que impulsó a éstos a favorecerlo, porque si no so trata de afecto natural, sino de descontento con la situación anterior del Estado, difícil y fatigosamente podrá conservar su amistad, pues tampoco él podrá contentarlos. Con los ejemplos que los hechos antiguos y modernos proporcionan, medítese serenamente en la razón de todo esto, y se verá que es más fácil conquistar la amistad de los enemigos, que lo son porque estaban satisfechos con el gobierno anterior, que 1a de los que, por estar descontentos, se hicieron amigos del nuevo príncipe y lo ayudaron a conquistar el Estado.

De ahí sus dos ruegos y consejos finales en *el príncipe*: su restitución como hombre de valor en la política y aconsejar, y servir fielmente a alguien que lo tenía todo en sus manos para hacer de Florencia un gran principado, y luchar por la unificación de Italia y su conversión en un Estado libre e independiente.

Y el joven Lorenzo II lo tenía aparentemente todo, parecía el mejor candidato para llevar a cabo los proyectos sobre los que durante tanto tiempo había meditado y pensado el genial político del Renacimiento. Contaba con recursos económicos suficientes más el poder de la Iglesia en manos de su tío, el Papa León X, Giovanni de Médicis y el de otro Cardenal, futuro Pontífice: Clemente VII, Giulliano de Médicis, y ambos incluso lo apremiaban para extender el gobierno de Florencia y hacer de ésta un Estado más poderoso con la anexión o conquista de más territorios. Contaba con juventud, con Condotieros capaces, audaces y experimentados, y hasta una milicia florentina que podría volver a reorganizarse, y bien entrenada combatir por unificar toda Italia bajo un solo estandarte y acabar de expulsar a los opresores extranjeros de la península, o al menos si no, de poder derrotar al poderoso reino de Nápoles apoyado por Aragón y los reinos de Castilla, o al menos dejarlo bloqueado, debilitado y alejado de España, con lo cual tarde o temprano caería, al no poder sostenerse durante mucho tiempo bajo esta situación.

Lorenzo II de Médicis, el joven, contaba, además, con la base teórica y militar de las conquistas recientes de Julio II, el Papa guerrero, por lo que ni el Ducado de Milán ni Génova, ni siquiera su Serenísima Venecia, podrían oponerse, por que Francia, España y Alemania se enzarzaban frecuentemente en conflictos prolongados, y él contaba junto con el poder terrenal, el *"poder divino"*, el que con tanta astucia y éxito empleó su Santidad Julio II. Es por eso que antes de la decisión a todas luces equivocada de Maquiavelo, resulta necesario valorar esos argumentos, aunque de hecho hay que reconocer que el genial ex Secretario de la República, tan hábil en sus juicios y análisis, en esta ocasión cometió un enorme error de cálculo, quedó como un burdo aprendiz de político, como un hombre cándido e ingenuo, y en cierta medida ignorante de la realidad del momento, al menos en lo que se refiere a Florencia y al carácter y la limitada proyección del Médicis gobernante.

Y Maquiavelo se equivocaba en todo, salvo en el contenido de su libro y la importancia de la obra. Lorenzo II de Médicis no era, ni se parecía en nada a Lorenzo "el Magnífico", ni a Cosme de Médicis, y para colmo falleció pocos años después, según se dice de sífilis, enfermedad común y frecuente en la época.

Por otra parte, con ciertas razones, aun se recelaba de Maquiavelo y se recordaba su destacado papel en la defensa de la República, como hombre de confianza del Confaloniero de por vida, Piero Soderini. Por tal razón, aquello que él servía en bandeja de plata a aquel inexperto y tal vez arrogante gobernante, que sin hacer nada se había hecho del gobierno de Florencia, y que era algo valioso que habían tenido que aprender de forma natural, puede que hasta autodidacta, en otras épocas,

Alejandro, Julio Cesar Carlomagno o Guillermo el Conquistador, ahora el joven gobernante lo recibía con desdén, tal vez con cierta vanidad, desconociendo, o no interesado por su valor; y a decir verdad, es dudoso que gobernante alguno recibiese regalo tan valioso y no le diera la menor importancia.

Maquiavelo, a diferencia de Confucio no lucha por educar a toda la población para de entre ellos seleccionar a los más capaces, honrados y adornados con inmensos valores morales, "caballeros" para que dirijan la sociedad y que de esta manera ellos sean justos gobernantes y logren la felicidad de su pueblo. No, él es un hombre pragmático y considera que en las circunstancias históricas que le tocó vivir no es necesario, ni posible empezar por la raíz, que tan solo bastaba con encontrar *el príncipe* o el gobernante adecuado y, educarlo en todo lo que él conocía sobre la práctica política, aprendido en su mucho andar por Estados y principados.

Maquiavelo parte entonces de la práctica, de la experiencia que él ha vivido, de lo que ha visto y de lo que ha estudiado de los clásicos, para instruir o aconsejar al elegido para que lleve a cabo lo que él aspira de Italia. Al igual que Confucio considera que es necesario unificar el país, pero lo toma de una forma más personal, más intensa y sobre la base de un pragmatismo real e histórico.

Centra en su teoría la política, y el arte o ciencia de

gobernar en lo necesario y esencial para acceder a la dirección del gobierno, primero para adquirirlo si no se tiene, y después para mantenerlo, por siempre o el mayor tiempo posible, con el empleo de todos los medios a su alcance: buenos o malos, mediante la verdad o el engaño, la humanidad o la crueldad, la admiración o el temor, pero todo por el poder. Mantener o conseguir el poder a toda costa y para eso se necesita un ejército y es con esto que da su primer aporte, sin ser un militar, en lo que serán los estados modernos. Los príncipes y, más el que deba unificar Italia, deberán contar con un ejército poderoso, bien armado, disciplinado y valiente, dispuesto a defender su territorio y al príncipe, bien por las cualidades de éste o por el temor si es necesario, y de ser posible dirigido y acompañado por éste.

Y ubicándose de nuevo en Maquiavelo, esta vez como persona, como ser humano, su poder de razonamiento, para algunos frío y calculador, se ve notablemente disminuido cuando dedica el *príncipe*, ya que en ese momento es un hombre solitario, aislado, débil, vulnerable al miedo, al temor, que ha estado en prisión, ha sufrido torturas y puede que haya pensado, que su vida corría peligro. Esto se nota en su carta de lamentos anteriormente escrita a Francesco Vettori en diciembre de 1313, donde expresa:

"Desearías, magnífico embajador, que yo dejara esta vida y fuera a gozar con vos de la vuestra. Yo lo haré de cualquier modo, pero lo que me detiene ahora son

algunos negocios míos que en seis semanas estarán terminados. Lo que me hace estar en duda es que están ahí los Soderini, y yo estaría obligado, si fuese allí, a visitarlos y hablarles. Y temo que a mi regreso no creyese desembarcar en casa y desembarcase en la cárcel, porque aun cuando este estado tiene grandísimo fundamento y gran seguridad, sin embargo es nuevo, y por eso suspicaz, y tampoco faltan los sabios que, por parecerse a Pablo Bertini, meterían a los demás en la cárcel y me dejarían la preocupación a mí. Os ruego que me resolváis este temor, y después en el tiempo dicho iré a visitaros de todos modos"

Puede que atendiendo a este temor, cuando redacta *el príncipe*, Maquiavelo se muestre escéptico en torno la bondad de los hombres, más bien que éstos actúan de acuerdo con sus intereses, aunque en este caso él obra con absoluta sinceridad, sí, sus aspiraciones son verdaderas y patrióticas, y él cree en cierta medida en este patriotismo y espíritu de de sacrificio de los hombres cuando está en juego la libertad de su país y la seguridad de su familia.

En sus doctrinas políticas Maquiavelo no acude a la religión, ni la ve como salvadora del pueblo oprimido. Ha observado muy bien el comportamiento de las autoridades eclesiásticas y de los propios Pontífices de la Iglesia, y considera a sus dominios, los Estados papales como otros principados más, con la diferencia de que el Príncipe es su propia Santidad, o Confalonieros

117

impuestos por él. Por esto y otras razones, no considera la política subordinada, o al mismo nivel de la religión, sino esta última como un elemento, como un apéndice del poder político que puede servir para amalgamar, unir, o por el contrario, desunir a las masas, según su buen o mal uso.

Así, en la época de Girolamo Savonarola, la religión se convirtió en algo incontrolable por factores relacionados, entre otros, con la personalidad carismática de aquel excéntrico monje, su exaltada pasión, elocuencia y valentía al enfrentarse a los todopoderosos Médicis, y al propio Papa Alejandro VI, pero una vez convertida en centro del Estado, el santo monje no siguió los preceptos aconsejados, lo que dictaba la experiencia y la realidad histórica para poder constituir un poderoso Estado religioso. No contó con fuerzas para defenderlo, un ejército capaz, y una vez cesó el miedo y el fanatismo en la religión, éste no se pudo sostener y fue a parar a la misma *hoguera de las vanidades* donde quemaba los libros prohibidos, las joyas de de los ricos, y las obras de arte del Renacimiento.

Que fuera un hereje Maquiavelo, no, él le brindó a la religión la misma atención que un ciudadano más de Florencia, que podía hablar o creer y al mismo tiempo burlarse de cualquier cosa, y que más daba que fuese un fraile u otra personalidad de la Iglesia, y esto se aprecia claramente en su famosa comedia teatral la *Mandrágora*, en la que el personaje de Fray Timoteo abandona sus principios de honestidad, humildad y desinterés material para participar en la burla, engaño y sátira, y sólo por recibir unos cuartos para la iglesia.

Maquiavelo es también la exactitud y la meticulosidad personificada, y todo lo que no beneficia la labor de un *príncipe* debe ser obviado o destruido, y como la Iglesia no estaba en condiciones de lograr la emancipación de Italia, como se ha valorado antes, no es imprescindible para los planes y el gobierno de un *príncipe,* aunque es preferible tenerla más a su lado que en contra, pero nunca por encima, porque entonces peligra el principado, y los gobernantes deben cuidar que a su lado no haya fuerzas iguales o superiores a las que él ostenta.

Resumiendo un poco: la esencia del código político de Maquiavelo se centra en la política de estado, de gobierno, el poder. Alcanzar y mantener el poder sobre un Estado a toda costa, empleando para ello todos los medios posibles, ya sean buenos o malos, racionales o irracionales, divinos o terrenales, humanos o infrahumanos, y recurriendo a cuanto argumento, acción, e incluso, de ser necesario, la fuerza en cualquier dimensión y magnitud; y bajo cualquier circunstancia. Y ese será el eje central de su libro.

De esta manera, si despojáramos, si elimináramos, la traición, el engaño y otros aspectos criticados en la obra de Nicolás Maquiavelo y que han conllevado a crear la falsa imagen "maquiavélica" que se tiene de él, contaríamos con un brillante, tal vez el mejor tratado de la ciencias políticas modernas, de forma excelentemente resumida, solo tal vez para completarlo con las ideas resumidas de su estudio sobre *los Discursos sobre la primera década de Tito Livio*, porque la política de los tiempos posteriores a Maquiavelo ha estado dictada, o es el reflejo de sus teorías en forma de principios, consejos y sentencias, expresadas en estos libros.

Cuando se escribe *el príncipe* y es algo que muchas veces se obvia, hay que destacar que en él, el político hace lo imposible para agradar a la persona a quien va dedicado, aunque en un inicio pensó dirigirlo a Giulio de Médicis que falleció poco después en 1516, por lo que el genial político tiene que navegar cuidadosamente para no tocar y herir sensibilidades con un miembro de la familia *omnipotente* que llevaba más de 80 años gobernando Florencia, y que había incidido positivamente en el estado renacentista de la ciudad, pero a la vez gobernado, manipulado y controlado con mano de hierro las instituciones políticas y sociales, así como restringido las libertades ciudadanas, por lo que Maquiavelo no era un apologista de los Médicis, muy por el contrario, un simpatizante de la República como se podrá apreciar en sus *discursos sobre la primera década de Tito Livio.*

Los años del destierro son de agitada y febril actividad literaria para Maquiavelo, el águila, el halcón no puede volar, le han cortado las alas, pero revolotea sin cesar lanzando al viento el halo espiritual de sus doctrinas, que se queda de inicio en su jaula, pero que después de su muerte en 1527 se publicarán y se convertirán en los libros de cabecera de muchas personalidades celebres, algunas de forma oculta y velada, pues fundamentalmente *el príncipe* será prohibido y perseguido por las instituciones y el pensamiento más retrogrado de la época, sobre todo por la Iglesia, los sectores conservadores y muchos gobiernos y estadistas que temen verse reflejados en sus páginas tal como son, como es la política, como actúan muchos gobernantes. Un retrato de Dorian Gray que asusta a su modelo.

Pero no solo esta obra, sus *Discursos sobre la Primera década de Tito Livio* contienen aun una semilla de mayor progreso en lo que respecta a su defensa de las ideas republicanas. Sí, él que se muestra aparentemente monárquico en *el príncipe* defiende en la obra anteriormente citada, la *República* como modelo de Estado y se lanza además a una disquisición dialéctica en el sentido de la posibilidad de estados caracterizados por gobiernos con figuras centrales como si fueran monarquías, pero con organización republicana. Quizás le hubiese servido para esto el estudio de los primeros años de la dinastía Médicis, que controlaba el poder desde la sombra, a través de marionetas que eran las que daban la cara, y detrás se escondía todo el poder y magnificencia de los *padrinos del renacimiento*.

Tal vez por lo anterior, es por lo que cuando los Médicis le piden que trate de modelar un tipo de gobierno para

Florencia él escoge uno parecido, mixto, en que éstos puedan gobernar desde lo oculto, aparentando ser una República para satisfacer a los republicanos y a la vez siendo un principado para complacer a los monárquicos.

Todo eso es posible por el carácter camaleónico de Maquiavelo, que está dispuesto a servir a cualquier forma de gobierno: República o Monarquía siempre y cuando se defiendan los intereses de Florencia y de Italia. Solo él, mediante un juego de palabras adecuado, imposible para otros, puede decir las verdades más duras a la cara, como si fueran lisonjas y decir lisonjas como si fueran fuertes palabras.

Por eso es capaz, en la medida que la cuerda que lo aprieta empieza a ceder, a obtener pequeños, míseros, pero al fin encargos de los todopoderosos *padrinos de Florencia*, escribir por mandato del Papa Clemente VII una historia de Florencia, que en cuya primera parte hasta finales del siglo XV, devela mucho de lo bueno y lo malo de aquella sociedad florentina, que trata de crear relaciones capitalistas de producción sobre un régimen feudal fétido y moribundo, y donde hay heroicidades, vacilaciones y traiciones, héroes y villanos, y todo aquello escrito de forma amena y original, aunque en algunos hechos se muestren inexactitudes y no se desvele totalmente la profundidad de los errores y delitos de todos, pero que al menos logra una cierta imparcialidad digna de admirar, dado que los que solicitan y pagan su trabajo son los propios Médicis, que han gobernado la ciudad por cerca de 100 años y la gobernaran otros 200 más, aunque con menos esplendor y audacia.

Otra vez Maquiavelo, ahora mediante esta obra histórica, muestra una valentía extraordinaria en una época en que no se vacilaba ni un instante a la hora de arrancar una cabeza, acabar con varias vidas y hasta una familia entera si fuese necesario, con tal de acallar voces y protestas. Pero la obra fue bien acogida y pagada por los Médicis, y no se puede pedir más del *hacedor de príncipes*, pues deslices demasiado audaces podrían haberlo llevado al cadalso, o de nuevo al ostracismo; y él recordaba aun con temor el cautiverio y la tortura.

Nicolás Maquiavelo se venga de muchas formas de la sociedad que lo ha separado de su trabajo, de su vida. En la *mandrágora* carga contra la falsa moral social y de la Iglesia y pone la religión como una cortesana que se vende por unos escudos en la persona de Fray Timoteo que dice: *¡Sea en nombre de Dios! Hágase vuestra voluntad y que todo sea por Dios y por caridad. Decidme el convento, dadme la poción y si os parece, esos dineros, para poder empezar a hacer algún bien.* Y más adelante ante sus posibles remordimientos, o culpas, se reconforta de esta sencilla manera.: ... *pero la promesa de recompensa me ha deleitado sobremanera. Y ya que han de venir a verme a casa, no quiero perder más tiempo aquí, sino esperarles en la iglesia, donde mi mercancía ha de valer más.* Y Maquiavelo dota a esta obra, para muchos una pieza de lo mejor del género en aquella y en épocas venideras, con un elemento político velado y de audaz crítica social, sobre todo a la *moral* vigente, la religión y sus representantes.

De no haberse escrito *el príncipe, los discursos sobre la primera década de Tito Livio, el arte de la guerra, la mandrágora, la historia de Florencia y la vida de Castrucio Castracani*, entre otras, lo hecho por Maquiavelo en el sentido político práctico no hubiese llegado en su justa dimensión hasta nuestros días. Es ese tiempo dedicado a escribir el que llevará por fin al político excepcional al lugar que tiene en la historia, y lo más interesante de todo es que la casi totalidad de ellas se publicaron algunos años después de su muerte, a partir de 1531-1532. Pero si bien tardaron en publicarse, se divulgaron y prendieron como reguero de pólvora y, en unas pocas decenas de años ya toda Europa tenía más o menos una idea de lo que había escrito, había hecho y había sido Nicolás Maquiavelo, *el hacedor de príncipes*, aunque interpretándolo según su conveniencia o fines previstos.

Decimos más o menos, porque resulta que ni en la actualidad se tiene una noción exacta de lo que escribió o quiso decir en algunas de sus obras más serias y polémicas el autor de *el príncipe*. Lo cual tiene su explicación en la compleja transformación del político, que llevó la diplomacia en sus obras en tal dimensión que posibilitó el que, en algunos aspectos, cada cual interpretase lo que le convenía o podía interpretar, puede que muchas veces identificado o contradictorio con las ideas del escritor.

El carácter políticamente camaleónico del escritor permitió que los republicanos que lo leyeran en los *discursos sobre la primera década de Tito Livio*, que fue su obra más monumental, pensasen, con justa razón, que Maquiavelo era republicano y amaba y defendía la República, mientras los que leían *el príncipe*, su obra más famosa, polémica y divulgada, en cierta medida considerasen que era defensor de los estados monárquicos, y que ese libro puede ser un canto, una oda a los regímenes dictatoriales.

Pero es que la vida política de Maquiavelo fue así, hoy negociando con Francia o Alemania en beneficio de Florencia, el resto de los Estados italianos, incluyendo los Pontificales, y mañana al revés, pero todo de manera simple y al parecer ingenua, pero siguiendo un hábil y elaborado algoritmo, por Florencia y por lograr o sentar las bases de la unidad y emancipación de Italia.

Para el genial político florentino del Renacimiento resultaba imprescindible y necesario acabar de una vez con el desorden de estados y ciudades independientes de la península itálica, enfrascados día a día en inútiles luchas intestinas que minaban la libertad de vencedores y vencidos, de todos por igual, y que eran los principales causantes de la presencia de las potencias extranjeras en territorio italiano.

Pero la tarea que quería emprender Maquiavelo no solo estaba por encima de sus posibilidades, le quedaba grande como se dice, sino que en aquella época, aunque luminosa, aún no se habían creado las condiciones objetivas para lograrlo, lo que demoró otros trescientos años más. Y en gran parte de ese tiempo el nombre del autor de *el príncipe* fue tomado, no como lo que era o había querido ser, un *patriota,* un político, sino totalmente honesto al menos no corrupto, sino como un engendro malvado, cruel, mentiroso, hasta blasfemo, falto de ética y de principios, un personaje irreligioso que enseñaba a los demás políticos a que practicaran todas las anteriores cosas que se le achacaban a él injustamente.

Parecería imposible que persona alguna pecara de tal ingenuidad y pudiese ingenuamente creer todo lo malo que se escribía o se decía del autor de *el príncipe*, aunque veremos más adelante, que en algunos pasajes o consejos en esta obra propone formulas que bien podrían estar dentro de las anteriores. Pero no, esto no era justamente real, ni merecido, más bien él cargó, o le hicieron cargar las culpas de las acciones desproporcionadas, o malévolas que realizaron algunos gobernantes posteriores. Fue la cabeza de turco ideal de las épocas siguientes, y pagó y asumió todas ellas desde su tumba, que no contó durante mucho tiempo con el magnífico y hermoso sepulcro donde hoy se encuentra, venerado y reconocido por todos, o casi todos, por los florentinos y por visitantes de todas las latitudes, que hacen parada obligatoria en la monumental Basílica de la Santa Cruz de Florencia.

A modo de ejemplo, antes de continuar, la única relación que podría tener Nicolás Maquiavelo con Catalina de Médicis, hija de Lorenzo II, el joven, es que ambos eran florentinos, pero ella no fue su pupila, ni las relaciones de los Médicis hubiesen propiciado ese acercamiento, y sin embargo, algunos lo relacionan con el monstruoso crimen de la *noche de San Bartolomeu* contra los protestantes en París, como si la Reina Médicis se hubiese dejado aconsejar, o hubiese cumplido la voluntad anticipada de Maquiavelo en el asesinato de varios miles de ciudadanos en las calles, plazas y casas de la capital francesa.

Y de esa forma, como justificación de las malas artes de muchos, fue continuando todo ese proceso de apostasía hacia el autor de el príncipe; y hasta el joven e inexperto políticamente Emperador Federico II de Prusia le dedicó una, para él devastadora crítica, realizada con tanto candor e ingenuidad que pudiese parecer que era un apologista del hombre que quería combatir en su libro aparentemente *antimaquiavélico*. Y es que el que una figura con tan alto carácter nobiliario y responsabilidad jerárquica, se dedicase en la época moderna temprana, a escribir un libro refutando las tesis de Maquiavelo nunca podría considerarse como una ofensa, más bien como un elogio, porque al final se reconocía que era un personaje que era necesario brindarle atención, como con algunos políticos, artistas, etc. que desean que hablen bien o mal de ellos, pero en fin, que hablen, pues sino consideran que no significan nada y que su obra es irrelevante.

Pero como si pareciese poco que un Emperador, aunque en su juventud, abandonase sus importantes tareas de gobierno, o de preparación para gobernar, con el objeto de escribir una obra contrarrestando a Maquiavelo, aquello siguió de moda, y en cualquier sentido se ocuparon de él otras personalidades relevantes del mundo de las ideas y de la política de los siglos venideros, Juan Jacobo Rousseau, Voltaire, René Descartes, la Reina Cristina de Suecia, los Padres de la independencia de los Estados Unidos y Napoleón Bonaparte, entre otros, y a éste último en lo particular puede que le quedasen cortos los consejos *maquiavélicos* de Maquiavelo, y se considera que hizo sus propias anotaciones en un ejemplar de *el príncipe* que lo acompañaba en sus viajes de conquista, incluso cuando el descalabro de la Campaña de Rusia de 1812.

A medida que pasaba el tiempo y nos acercábamos a la época moderna y contemporánea, se volvía una y otra vez a pensar, estudiar y escribir sobre Nicolás Maquiavelo. Incluso, hasta en nuestros días un premio Nóbel de la paz como el hábil político Henry Kissinger, a quien algunos consideran como el *Maquiavelo moderno*, se refiere a él con admiración y puede que con simpatía. Y sin ir más lejos, a poco en la portada de un libro reciente observé un título relacionado con un ex presidente de un Estado democrático, que dejo su búsqueda a los lectores si así lo consideran, para no alejarme del motivo de éste ensayo y porque además, no he leído el libro.

Tal vez, como puede que le aconsejaran las damas florentinas al autor de la *Mandrágora y Clizia,* éste debió dedicarse al arte dramático, a la comedia, y seguramente hubiese disfrutado de más confort, tranquilidad espiritual, honores y hasta quizás de cierto bienestar material, pero su incursión en aquello fue solo un pasatiempo para un alma libre e inquieta, interesada en el complejo y cambiante mundo de la política en la interesante, original y excitante época de los cambios del Renacimiento, en que en toda Europa iban suplantándose las arcaicas y retrogradas formas de explotación feudales por las nuevas relaciones de producción capitalistas, en las que los individuos juegan un rol muy diferente al que jugaban en los tiempos medievales, a pesar de que continua la explotación intensa y despiadada de los hombres y personas desposeídas, pero sobre la base de otros patrones más velados y discretos y donde, por suerte, las clases oprimidas, política y económicamente, tienen la posibilidad de adquirir cierta cultura, educación y libertad para expresar libremente sus pensamientos e ideas.

El Renacimiento fue una época de violentos cambios y Nicolás Maquiavelo tuvo la posibilidad de participar en ellos como testigo y como actor de relieve, interpretando papeles principales de héroe o de villano, de bueno o de malo, al servicio de lo que considerara más justo o de lo que momentáneamente fuese injusto, pero necesario para mantener la libertad y la independencia de Florencia; pero al fin y al cabo, interpretando un papel relevante, protagónico, no poco importante y, eso era lo que se le negaba en su destierro a medias: no estaba fuera de Italia, ni siquiera de territorio florentino pero se le impedía hacer política, o más bien se temía que hiciera política, dentro o fuera de la gran ciudad de la Toscana; unos por una razón y otros por otra, pero al final se le temía, porque sino nadie hubiese obviado las extraordinarias dotes y habilidades políticas y diplomáticas de aquel hombre, que bajo el humilde manto de Secretario de la Cancillería había realizado las misiones más importantes y relevantes, generalmente para el bien de Florencia y de Italia.

Y no era que no se comprendiese a Maquiavelo, o no se quisiese prestarle atención, solo que todos temían algunas de sus múltiples facetas, o no comprendían, o no podrían comprender su comportamiento; porque si de una cosa estaban seguros todos, es que en cualquier misión que se le encomendase, ésta la realizaría por encima de sus posibilidades, sobre cumpliendo los propósitos; y algunos, los más, los cortesanos no podían admitir este tipo de competencia, en que por mucho que intrigaran, la personalidad carismática y puede que hasta enigmática, con aquella sonrisa semejante a la de la *Mona Lisa,* los superaría a todos, en todos los campos; y para aquellos cortesanos mediocres en su mayoría, qué mejor cosa deseaban que dejar las cosas como estaban, sin percatarse que con Maquiavelo o sin él, serían arrasados por la tormenta de cambios que se avecinaba, porque todo el continente ardía y se preparaba para el combate y qué mejor sitio para lidiar con todo tipo de armas, que la codiciada península itálica, con sus riquezas, sus monumentales obras de arte, su sapiencia y su desarrollo cultural muy superior al del resto de Europa.

No era un solo país el que ambicionaba apoderarse de la Italia dividida, eran tres imperios, tres grandes potencias: Francia, España, Alemania y como si fuera poco los hábiles, entrenados y bien armados soldados suizos que integraban como mercenarios los cuerpos militares de estas potencias, y que con frecuencia hostigaban las fronteras italianas.

Y mientras sus libros, valiosísimos para comprender el complejo y difícil momento histórico que se vivía y las tormentas que se avecinaban en el cisma crítico del catolicismo, a punto de engendrarse el movimiento reformista, y cuando las potencias extranjeras se disputaban a la bella y rica Italia dividida; en esos momentos previos a la invasión y toma de Roma, sí, sus libros, esas útiles armas ideológicas, aguardaban deseosos de entrar en acción y él propiamente, pero esto no ocurrió, y cuando al final es llamado, a como se dice a filas, es demasiado tarde y no existen condiciones para defender a Italia bajo la dirección de un Papa vacilante e indeciso como Clemente VII.

Pocos meses antes de morir, en plena campaña para

preparar una defensa acelerada de Italia, que al final serviría de poco o nada, escribió en abril de 1527 desde Forlì una carta en la que mostraba todo su espíritu de entrega por la causa de Italia, y un entusiasmo u optimismo que sobrepasaba su edad y su carácter aparentemente grave y circunspecto.

En esta misiva, a la que hacen referencia con frecuencia sus biógrafos y también los estudiosos de su obra, y de la cual expondremos un corto párrafo, servirá para valorar el fuerte carácter intransigente e inclaudicable de Nicolás Maquiavelo cuando lo que está en juego es la libertad y la independencia de Italia.

Mañana debe ser un día decisivo para nosotros. El motivo es que, si el enemigo se acerca, se ha tomado la resolución de declararse francamente por la guerra... y que si se resuelve por la guerra,... hagáis para que todos los aliados marchen adelante sin que ninguna consideración los retenga; puesto que en ese caso ya no hay que renquear, sino actuar con decisión; a menudo la desesperación proporciona recursos que la reflexión nunca hubiera encontrado.

Ese es el Maquiavelo audaz, decidido, valiente y patriota, en cuya personalidad se esconde un fuerte espíritu de abnegación e intransigencia, capaz de ponerlo todo, sacrificarlo todo, por la libertad de su país y en ese sentido sería plausible lo del fin y los medios para alcanzarlo:

Todos los medios son buenos, con tal de defender la patria; si se trata de deliberar sobre su suerte, no hay que detenerse ante ninguna consideración de justicia o injusticia, de humanidad o crueldad, de vergüenza o de gloria; el punto esencial, que debe primar sobre los demás, es asegurar su salvación y su libertad.

Contradicción humana insalvable para el sentido de la vida de aquel hombre en el final natural de su existencia, afortunado por sus dotes intelectuales y el rol que le tocó vivir en un período trascendental para la historia como fue el Renacimiento, pero atormentado por el despecho, la ingratitud e incomprensión de sus contemporáneos, y el pensar erróneamente que su trabajo y el esfuerzo desplegado durante toda una vida, no habían servido para nada.

Y en ese final cuando se ha visto llamado de nuevo por necesidad imperiosa del momento, vuelve a lucirse el espíritu patriótico de aquel genio, pero es demasiado tarde, se ha perdido mucho tiempo y las divisiones y escisiones de Italia, la falta de un líder genuino hacen que ésta se desplome y caiga con estruendo y con rapidez; y el Papa Clemente VII, aunque cargado de riquezas ha de huir y de igual forma los Médicis de Florencia, al menos por unos pocos años. Pero ya se acaba el tiempo, ya es muy tarde para el guerrero del intelecto, el padre de la política moderna que está a punto de fallecer, y lo hace el 2 de junio de 1527, rodeado por los suyos, de una muerte al parecer natural o causada por una peritonitis aguda, o por una indicación médica defectuosa, ¿o pudo ser envenenado, o pudo morir de pesar al ver que ahora la recién nueva República que expulsaba a los Médicis lo relegaba de nuevo al ostracismo, no necesitaba, o desconfiaba de él por sus últimos servicios a favor de éstos? Todo esto puede que sean conjeturas, pero a la par que el *David* de Miguel Ángel era flagelado en uno de sus brazos en la plaza del ayuntamiento, Florencia perdía a uno de sus más valiosos hijos que daría mucho de que hablar y discutir en aquel pasado, en este presente y seguramente quizás en el futuro, y cuyos restos reposan en un sepulcro de la Basílica de la Santa Cruz de Florencia, bajo el mismo techo que los del Dante Alhiere, de Miguel Ángel Buonarroti, de Galileo Galilei y de otras trescientas almas con este epitafio:

"Tanto nomini nullum par elogium Nicolaus Machiavelli"

("Está más allá de todo elogio el nombre de Nicolás Maquiavelo").

III. EL CÓDIGO POLÍTICO DE MAQUIAVELO EN EL PRÍNCIPE.

ELEGÍA DIGNA DE UN PRÍNCIPE INDIGNO.

El pensamiento de Nicolás Maquiavelo abarcó numerosos aspectos del universo político, ideológico, social y cultural de la época que le correspondió vivir, aunque en esencia, centró preferentemente su atención en el primero de ellos. Dado que su mundo fue el de la política, desde lo alto de la pirámide de la superestructura social su ojo y mirada de halcón atisbó y profundizó en el pensamiento cultural de aquellos tiempos convulsos y de drásticos cambios del Renacimiento. Desde allí se proyectó y catapultó hasta nuestros días, y pensamos que aun hacia un futuro venidero, pues si un extraordinario dilema presenta la sociedad contemporánea actual es el de no encontrar un adecuado sistema político-social, que solucione los numerosos e ingentes problemas que presenta el mundo moderno en constante y vertiginoso movimiento, sumergido además, en un amplio y profundo proceso de globalización desmedido y sin control, e incapaz de encontrar soluciones a los apremiantes problemas de los individuos y la sociedad en general.

Esto hace pensar que el sistema político que bosquejó el

autor de *el príncipe* y la realidad en que vivimos sobrepasan los marcos de su concepción, pero como éste estableció principios generales en su profundo estudio de la sociedad de cambios del Renacimiento, éstos se mantienen aun vigentes en su esencia y merecen ser estudiados con detenimiento, aunque la lectura de algunos nos haga palidecer y estremecernos por su crudeza, otros nos parezcan simples o desproporcionados, o algunos inadecuados u obsoletos para nuestra época; pero en fin, corresponden a la realidad que observó y vivió aquel ilustre personaje, y como se dice vulgarmente, gústenos o no, es lo que hay, es lo que existe y es lo que vivimos, y de lo cual nos podemos dar cuenta nada mas encender la radio o la televisión, u ojear la prensa, o navegar por los infinitos caminos de la red donde la censura es aparentemente menor, los pensamientos tal vez puedan estar más libres o encubiertos, o la gente sentirse más valiente y osada, y tal vez menos observada, aunque cualquier acción humana deja su rastro y de eso los alerto.

Aunque no lo deseemos, la mentira, el ocultar la verdad, el fingir lo que no es, el propagar lo que no es cierto, aspectos que ya formaban parte de la política de la antigüedad y de la edad media, también están presentes en la política y el quehacer diario en la actual, aunque para tranquilidad de ustedes y de la mía propia, podemos estar seguros, que los hechos y las verdades al final salen a la luz y la verdadera justicia con su balanza cada vez menos lastrada de inmundicias, podrá por fin, paso a paso, acercarse a la verdad y juzgar los acontecimientos y las figuras en su verdadera y justa dimensión.

Por eso, más que expresar nuestros modestos criterios, dejemos, en lo posible, al propio Nicolás Maquiavelo definir y exponer sus ideas sobre temas importantes, aún actuales de nuestra realidad, para que ustedes mismos puedan juzgar su vigencia y encontrar ejemplos de la vida diaria donde se ponen de manifiesto, aunque no nos gusten en ocasiones, porque diariamente nosotros mismos estamos en desacuerdo sobre decisiones y procedimientos de personas, grupos políticos y sociales, incluso leyes y gobiernos de Estados, y mostramos nuestro disgusto y nuestro parecer o censura, y en este caso con más razón por tratarse de una figura al parecer extremadamente controvertida, y puede que hasta contradictoria, de la época del Renacimiento y tener la suerte de haber vivido en Florencia, la ciudad primada de la cultura y la política de aquellos tiempos convulsos.

Dejemos entonces a Nicolás Maquiavelo que diserte libremente sobre temas como el Estado, la política, el arte de la guerra, la moral, la ética, la religión y en definitiva sobre aspectos actuales e importantes con sus propias palabras, tal como las plasmó en sus escritos. Para esto tomamos como referencia su famosa y controvertida obra *el príncipe*

1.-EL ESTADO.

Todos los Estados, todas las dominaciones que han ejercido y ejercen soberanía sobre los hombres, han sido y son repúblicas o principados. Los principados son, o hereditarios, cuando una misma familia ha reinado en ellos largo tiempo, o nuevos. Los nuevos, o lo son del todo, como lo fue Milán bajo Francisco Sforza, o son como miembros agregados al Estado hereditario del príncipe que los adquiere, como es el reino de Nápoles para el rey de España. Los dominios así adquiridos están acostumbrados a vivir bajo un príncipe o a ser libres; y se adquieren por las armas propias o por las ajenas, por la suerte o por la virtud.

Me dedicaré solo a los principados, para ir tejiendo la urdimbre de mis opiniones y establecer cómo puede gobernarse y conservarse tales principados.

En primer lugar, me parece que es más fácil conservar un Estado hereditario, acostumbrado a una dinastía, que uno nuevo, ya que basta con no alterar el orden establecido por los príncipes anteriores, y contemporizar después con los cambios que puedan producirse.

Hay tres modos de conservar un Estado que, antes de ser adquirido, estaba acostumbrado a regirse por sus propias leyes y a vivir en libertad: primero, destruirlo, después, radicarse en él; por último, dejarlo regir por sus leyes, obligarlo a pagar un tributo y establecer un gobierno compuesto por un corto número de personas, para que se encargue de velar por la conquista. Como ese gobierno sabe que nada puede sin la amistad y poder del príncipe, no ha de reparar en medios para conservarle el Estado. Porque nada hay mejor para conservar -si se la quiere conservar- una ciudad acostumbrada a vivir libre que hacerla gobernar por sus mismos ciudadanos.

Así pasa en las cosas del Estado: los males que nacen con él, cuando se los descubre a tiempo, lo que sólo es dado al hombre sagaz, se los cura pronto; pero ya no tienen remedio cuando, por no haberlos advertido, se los deja crecer hasta el punto de que todo el mundo los ve.

Contesto que todos los principados de que se guarda memoria han sido gobernados de dos modos distintos: o por un príncipe que elige de entre sus siervos, que lo son todos, los ministros que lo ayudarán a gobernar, o por un príncipe asistido por nobles que, no a la gracia del señor, sino a la antigüedad de su linaje, deben la posición que ocupan. Estos nobles tienen Estados y súbditos propios, que los reconocen por señores y les tienen natural afección. Mientras que, en los Estados gobernados por un príncipe asistido por siervos, el príncipe goza de mayor autoridad: porque en toda la provincia no se reconoce soberano sino a él, y si se obedece a otro, a quien además no se tiene particular amor, sólo se lo hace por tratarse de un ministro y magistrado del príncipe.

En las repúblicas, en cambio, hay más vida, más odio, más ansias de venganza. El recuerdo de su antigua libertad no les concede, no puede concederles un solo momento de reposo. Hasta tal punto que el mejor camino es destruirlas o radicarse en ellas.

Las dificultades nacen en parte de las nuevas leyes y costumbres que se ven obligados a implantar (los príncipes) *para fundar el Estado y proveer a su seguridad. Pues debe considerarse que no hay nada más difícil de emprender, ni más dudoso de hacer triunfar, ni más peligroso de manejar, que el introducir nuevas leyes. Se explica: el innovator se transforma en enemigo de todos los que se beneficiaban con las leyes antiguas, y no se granjea sino la amistad tibia de los que se beneficiarán con las nuevas. Tibieza en éstos, cuyo origen es, por un lado, el temor a los que tienen de su parte a la legislación antigua, y por otro, la incredulidad de los hombres, que nunca fían en las cosas nuevas hasta que ven sus frutos. De donde resulta que, cada vez que los que son enemigos tienen oportunidad para atacar, lo hacen enérgicamente, y aquellos otros asumen la defensa con tibieza, de modo que se expone uno a caer con ellos.*

Por otra parte, los Estados que nacen de pronto, como todas las cosas de la naturaleza que brotan y crecen precozmente, no pueden tener raíces ni sostenes que los defiendan del tiempo adverso;

Porque en toda ciudad se encuentran estas dos

fuerzas contrarias, una de las cuales lucha por mandar y oprimir a la otra, que no quiere ser mandada ni oprimida. Y del choque de las dos corrientes surge uno de estos tres efectos: o principado, o libertad, o licencia.

Es de aclarar que Maquiavelo en su amplia obra literaria, fundamentalmente en *el príncipe,* se centra con mayor intensidad en los Estados, gobiernos o principados nuevos que son los más difíciles de gobernar y mantener, y por supuesto, defender. De esta manera el autor se ubica en el realismo político de la época, para lo cual consideraba que era necesario adaptarse a las condiciones objetivas y materiales existentes, y construir o mantener un Estado que fuese estable, consistente y duradero, lo que resultaba muy difícil en medio de la compleja situación política y militar vigente en la Italia de finales del medioevo. Adaptar el Estado, el gobierno a esas condiciones y no tratar de construir uno imaginario que pareciese muy justo y muy noble, pero que no fuese alcanzable en medio de la realidad vigente, era en gran medida lo que consideraba necesario el destacado político.

Para él se puede convivir en un Principado, una República o en un régimen mixto si es el adecuado en medio de las circunstancias objetivas vigentes. El tipo de Estado debe ajustarse a la realidad, a las necesidades de los gobernantes y los ciudadanos, y no la realidad política al modelo utópico de Estado que se desee.

2.-LA NECESIDAD EN MAQUIAVELO.

De los escritos de Maquiavelo se extrae que la *necesidad* lleva a los individuos, a los príncipes o a cualquier gobernante, a realizar actos que pudiesen ser deleznables pero necesarios para alcanzar los fines o propósitos deseados, con el fin de mantener la supervivencia del régimen, establecer alguno nuevo o realizar cambios esenciales y necesarios en el contexto de la época.

Se puede considerar entonces, de forma muy resumida, que para Maquiavelo *la **necesidad*** es una categoría que debe situarse por encima de los deseos de los hombres y que los conlleva a realizar actos heroicos o cobardes, loables y excepcionales, o incluso macabros y crueles.

Por eso expresa que ***la necesidad*** natural y común...*hace que el príncipe se vea obligado a ofender a sus nuevos súbditos, con tropas o con mil vejaciones que el acto de la conquista lleva consigo.*

El ansia de conquista es, sin duda, un sentimiento muy natural y común, y siempre que lo hagan los que pueden, antes serán alabados que censurados; pero cuando intentan hacerlo a toda costa los que no pueden, la censura es lícita.

La **necesidad** se recoge también en algunas sentencias resumidas de Maquiavelo como las siguientes:

...el príncipe natural tiene menos razones y menor **necesidad** *de ofender*

... Llamaría bien empleadas a las crueldades (si a lo malo se lo puede llamar bueno) cuando se aplican de una sola vez por absoluta **necesidad** *de asegurarse, y cuando no se insiste en ella.*

...un príncipe hábil debe hallar una manera por la cual sus ciudadanos siempre y en toda ocasión tengan **necesidad** *del Estado y de él.*

...es necesario que todo príncipe que quiera mantenerse aprenda a no ser bueno, y a practicarlo o no de acuerdo con la **necesidad**.

Los lectores podrán mostrar su desacuerdo por el contenido de estas sentencias que en verdad son demasiado fuertes; pero sin defender al autor, sería necesario valorar el contexto político social existente en la época en que se escribieron.

3.-ARTE MILITAR: EJERCITO, CABALLERIA, INFANTERIA ARMAS DE FUEGO.

El ciudadano Nicolás Maquiavelo no era ni puede considerarse un militar en el justo sentido de la palabra, hay suficientes ejemplos donde se manifiesta esto, sobre todo en la defensa de Florencia ante los temibles tercios españoles y la sobreestimación que hizo éste de las cualidades militares de las milicias florentinas recién conformadas y sin preparación militar adecuada. No obstante, en el cerco y la toma de Pisa, logró la capitulación, pero más que mediante una batalla decisiva por el empleo de métodos políticos no convencionales, eso sí, apoyados por las armas y un ejército a todas vistas superior al de los sitiados, después de muchos años de asedio.

Ahora bien, desde el punto de vista teórico y apoyado por la realidad y experiencia histórica vigente en aquella época, el autor de *el príncipe* valora justamente los preceptos y principios del arte militar moderno y el papel que juegan los diversos elementos propios de las actividades bélicas. Es en este sentido, y contra lo acostumbrado en su tiempo, que considera que el papel de la caballería decrece con el advenimiento de las nuevas armas de fuego, y que la infantería aumenta su valor tal como se diera cuenta con los soldados suizos y sus largas picas, que eran capaces de detener el embiste de la caballería enemiga.

En los tiempos de Maquiavelo, las armas de fuego eran de introducción relativamente reciente y se hallaban en un estado de desarrollo primitivo, aun los fusiles no contaban con bayonetas, demoraban mucho tiempo en cargarse y su alcance era limitado, por lo que no le da la suficiente importancia, aunque sí lo hace en mayor medida con la artillería, con el empleo de cañones (bombardas, según la época), que a la postre determinaron la caída de la ciudad fortificada de Prato al abrir un pequeño boquete en sus murallas, que permitió la entrada de los soldados de los tercios españoles y provocó la huida en desbandada de las inexpertas milicias que defendían la ciudad.

Es en el anterior sentido que introduce lo que será el elemento básico de los Estados modernos no feudales, en lo que concierne a la necesidad de constituir y mantener un ejército profesional, bien entrenado e integrado por ciudadanos del país, lo que sería norma en los Estados y gobiernos de las épocas venideras.

En la guerra, al igual que en la política, es del criterio que el empleo de cualquier medio es posible por cruel y engañoso que sea, acercándose a las teorías del famoso estratega chino Sun Tzu, aunque no debía conocer el contenido de su libro sobre *el arte de la guerra*

Maquiavelo es del criterio de evitar en lo posible las acciones precipitadas, que no han sido bien estudiadas, aunque a falta de planes tácticos y estratégicos coincide en que es preferible la audacia, la ofensiva, el ataque a la defensa, o la inactividad, como ocurrió posteriormente durante el pontificado de Clemente VII cuando las tropas imperiales entraron y saquearon Roma, ante la inamovilidad de los ejércitos pontificales.

El autor de *el príncipe* separa cualquier atisbo divino, incluso suerte o fortuna de las acciones militares, porque considera que están por encima de la actuación de los hombres y que en algunos casos pueden resultar buenas o malas, pero que esto no es una decisión de los mandos castristas y soldados.

Plantea las debilidades de los Estados divididos (principados italianos) y la necesidad de un gobierno central con un ejército bien entrenado y fuerte, como de forma incipiente lo van creando Francia y España. No así el Sacro Imperio germano que no tiene ese ejército propio permanente, aunque sus ciudades estaban bien armadas, fortificadas y con milicias bien preparadas y entrenadas, lo que en la práctica suplía lo anterior en aquellas circunstancias.

Considera que el contar con un ejército organizado, bien entrenado, armado y preparado para entrar rápidamente en combate, constituye una necesidad imperiosa para los Estados, por lo que además del *sentido común de los gobernantes*, valora éste aspecto como indispensable para mantener la soberanía y el gobierno, bien se trate de una

República o un Principado, por lo que escribe refiriéndose a los príncipes, sobre todo de un Estado nuevo:

Y los cimientos indispensables a todos los Estados, nuevos, antiguos o mixtos, son las buenas leyes y las buenas tropas; y como aquéllas nada pueden donde faltan éstas, y como allí donde hay buenas tropas por fuerza ha de haber buenas leyes, pasaré por alto las leyes y hablaré de las tropas.

En el primer caso, fracasan siempre, y nada queda de sus intenciones, pero cuando sólo dependen de sí mismos y pueden actuar con la ayuda de la fuerza, entonces rara vez dejan de conseguir sus propósitos. De donde se explica que todos los profetas armados hayan triunfado, y fracasado todos los que no tenían armas. Hay que agregar, además, que los pueblos son tornadizos; y que, si es fácil convencerlos de algo, es difícil mantenerlos fieles a esa convicción, por lo cual conviene estar preparados de tal manera, que, cuando ya no crean, se les pueda hacer creer por la fuerza.

Y para aclarar mejor este punto, digo que considero capaces de poder sostenerse por sí mismos a los que, o por abundancia de hombres o de dinero, pueden levantar un ejército respetable y presentar batalla a quien quiera que se atreva a atacarlos; y considero que tienen siempre necesidad de otros a los que no pueden presentar batalla al enemigo en campo abierto, sino que se ven obligados a refugiarse dentro de sus muros para defenderlos.

Como me dijera el cardenal de Ruán que los italianos no entendían nada do las cosas de la guerra, yo tuve que contestarle que los franceses entendían menos de las que se refieren al Estado.

...Quien tenga bien fortificada su ciudad, y con respecto a sus súbditos se haya conducido de acuerdo con lo ya expuesto y con lo que expondré más adelante, difícilmente será asaltado; porque los hombres son enemigos de las empresas demasiado arriesgadas, y no puede reputarse por fácil el asalto a alguien que tiene su ciudad bien fortificada y no es odiado por el pueblo. Las ciudades de Alemania son libérrimas; tienen poca campaña, y obedecen al emperador cuando les place, pues no le temen, así como no temen a ninguno de los poderosos que las rodean. La razón es simple: están tan bien fortificadas que no puede menos de pensarse que el asedio sería arduo y prolongado. Tienen muros y fosos adecuados, tanta artillería como necesitan, y guardan en sus almacenes lo necesario para beber, comer y encender fuego durante un año; aparte de lo cual, y para poder mantener a los obreros sin que ello sea una carga para el erario público, disponen siempre de trabajo para un año en esas obras que son el nervio y la vida de la ciudad. Por último, tienen en alta estima los ejercicios militares, que reglamentan con infinidad de ordenanzas.

Un príncipe, pues, que gobierne una plaza fuerte, y a

quien el pueblo no odie, no puede ser atacado; pero si lo fuese, el atacante se vería obligado a retirarse sin gloria, porque son tan variables las cosas de este mundo que es imposible que alguien permanezca con sus ejércitos un año sitiando ociosamente una ciudad. Y al que me pregunte si el pueblo tendría paciencia, y el largo asedio y su propio interés no le harán olvidar al príncipe, contesto que un príncipe poderoso y valiente superará siempre estas dificultades, ya dando esperanzas a sus súbditos de que el mal no durará mucho, ya infundiéndoles terror con la amenaza de las vejaciones del enemigo, o ya asegurándose diestramente de los que le parezcan demasiado osados.

En definitiva, atendiendo a lo anterior, muchos consideran que Maquiavelo fue el primer teórico de la ciencia militar moderna.

4.-MILICIAS O MERCENARIOS.

Maquiavelo reitera constantemente su opinión respecto a la superioridad de las milicias propias de los Estados frente a las tropas mercenarias que se empleaban comúnmente en los principados y ciudades estado italianas y hasta por los ejércitos de monarquías consolidadas como las de Francia, España y Alemania.

Digo, pues, que las tropas con que un príncipe defiende sus Estados son propias, mercenarias, auxiliares, o mixtas. Las mercenarias y auxiliares son inútiles y peligrosas; y el príncipe cuyo gobierno descanse en soldados mercenarios no estará nunca seguro ni tranquilo, porque están desunidos, porque son ambiciosos, desleales, valientes entre los amigos, pero cobardes cuando se encuentran frente a los enemigos; porque no tienen disciplina, como tienen temor de Dios ni buena fe con los hombres; de modo que no se difiere la ruina sino mientras se difiere la ruptura; y ya durante la paz despojan a su príncipe tanto como los enemigos durante la guerra, pues no tienen otro amor ni otro motivo que los lleve a la batalla que la paga de el príncipe, la cual, por otra parte, no es suficiente para que deseen morir por él. Quieren ser sus soldados mientras el príncipe no hace la guerra; pero en cuanto la guerra sobreviene, o huyen o piden la baja.

...un principado o una república deben tener sus milicias propias; que, en un principado el príncipe debe dirigir las milicias en persona y hacer el oficio de capitán; y en las repúblicas, un ciudadano; y si el ciudadano nombrado no es apto, se lo debe cambiar; y si es capaz para el puesto, sujetarlo por medio de leyes. La experiencia enseña que sólo los príncipes y repúblicas armadas pueden hacer grandes progresos, y que las armas mercenarias sólo acarrean daños. Y es mas difícil que un ciudadano someta a una república que está armada con armas propias que una armada con armas extranjeras.

Para el autor de *el príncipe* el resultado del empleo de las tropas mercenarias en la península itálica fue que:

Italia fue recorrida libremente por Carlos, (Carlos VIII de Francia*), saqueada por Luís,* (Luis XII de Francia) *violada por Fernando* (Fernando de Aragón, el católico) *e insultada por los suizos*

*El método que estos capitanes siguieron para adquirir reputación (*se refiere a los condotieros de mercenarios*) fue primero el de quitarle importancia a la infantería. Y lo hicieron porque, no poseyendo tierras y teniendo que vivir de su industria, con pocos infantes no pedían imponerse y les era imposible alimentar a muchos, mientras que, con un número reducido de jinetes, se veían honrados sin que fuese un problema el proveer a su sustentación. Las cosas habían llegado a tal extremo, que en un ejército de veinte mil hombres no había dos mil infantes. Por otra parte, se habían ingeniado para ahorrarse y ahorrar a sus soldados la fatiga y el miedo con la consigna de no matar en las refriegas, sino tomar prisioneros, sin degollarlos. No asaltaban de noche las ciudades, ni los campesinos atacaban las tiendas; no levantaban empalizadas ni abrían fosos alrededor del campamento, ni vivían en él durante el invierno. Todas estas cosas, permitidas por sus códigos militares, las inventaron ellos, como he dicho, para evitarse fatigas y peligros. Y con ellas condujeron a Italia a la esclavitud y a la deshonra.*

Las tropas auxiliares, otras de las tropas inútiles de que he hablado, son aquellas que se piden a un príncipe poderoso para que nos socorra y defienda, tal como hizo en estos últimos tiempos el papa Julio, cuando, a raíz del pobre papel que le tocó representar con sus tropas mercenarias en la empresa de Ferrara, tuvo que acudir a las auxiliares y convenir con Fernando, rey de España, que éste iría en su ayuda con sus ejércitos. Estas tropas pueden ser útiles y buenas para sus amos, pero para quien las llama son casi siempre funestas; pues si pierden, queda derrotado, y si gana, se convierte en su prisionero.

Se concluye de esto que todo el que no quiera vencer no tiene más que servirse de esas tropas, muchísimo más peligrosas que las mercenarias, porque están perfectamente unidas y obedecen lealmente a sus jefes, con lo cual la ruina es inmediata; mientras que las mercenarias, para someter al príncipe, una vez que han triunfado, necesitan esperar tiempo y ocasión, pues no constituyen un cuerpo unido y, por añadidura, están a sueldo de el príncipe. En ellas, un tercero a quien el príncipe haya hecho jefe no puede cobrar en seguida tanta autoridad como para perjudicarlo. En suma, en las tropas mercenarias hay que temer sobre todo las derrotas; en las auxiliares, los triunfos.

Por ello, todo príncipe prudente ha desechado estas tropas y se ha refugiado en las propias, y ha preferido perder con las suyas a vencer con las otras, considerando que no es victoria verdadera la que se obtiene con armas ajenas.

Con respecto a César Borgia, su paradigma o prototipo de príncipe del Renacimiento, y su experiencia con mercenarios y tropas propias señala:

... y la que tuvo cuando se quedó con sus soldados y descansó en sí mismo: que era, sin duda alguna, mucho mayor, porque nunca fue tan respetado como cuando se vio que era el único amo de sus tropas.

Concluyo, pues, que sin milicias propias no hay principado seguro; más aún: está por completo en manos del azar, al carecer de medios de defensa contra la adversidad. Que fue siempre opinión y creencia de los hombres prudentes "quod nihil sit tam infirmum aut instabile, quam: fama potentiae non sua vi nixa" Y milicias propias son las compuestas, o por súbditos, o por ciudadanos, o por servidores de el príncipe. Y no será difícil rodearse de ellas si se siguen los ejemplos de los cuatro a quienes he citado, y se examina la forma en que Filipo, padre de Alejandro Magno, y muchas repúblicas y príncipes organizaron sus tropas. Conducta a la cual me remito por entero.

5.-SOBRE LA UTILIDAD DE LAS FORTALEZAS PARA LOS PRÍNCIPES.

Las opiniones de Maquiavelo sobre los aspectos positivos y negativos que presentaban las fortalezas militares y las ciudades fortificadas, para los gobernantes, fueron claramente expresados por el propio político y la historia posterior le ha dado la razón, incluso en épocas recientes, durante el transcurso de la Segunda Guerra Mundial, cuando la famosa línea fortificada Maginot no sirvió para nada a los franceses arroyados por la guerra relámpago llevada a cabo por el ejército alemán.

Los príncipes, para conservarse más seguramente en el poder, acostumbraron construir fortalezas que fuesen rienda y freno para quienes se atreviesen a obrar en su contra, y refugio seguro para ellos en caso de un ataque imprevisto. Alabo esta costumbre de los antiguos.

Podría resolverse la cuestión de esta manera: el príncipe que teme más al pueblo que a los extranjeros debe construir fortalezas; pero el que teme más a los extranjeros que al pueblo debe pasarse sin ellas.

Pero, en definitiva, no hay mejor fortaleza que el no ser odiado por el pueblo, porque si el pueblo aborrece al príncipe, no lo salvarán todas las fortalezas que posea, pues nunca faltan al pueblo, una vez que ha empuñado las armas, extranjeros que lo socorran.

Consideradas, pues, estas cosas, elogiaré tanto a

quien construya fortalezas como a quien no las construya, pero censuraré a todo el que, confiando en las fortalezas, tenga en poco el ser odiado por el pueblo

6.-LAS DIVISIONES INTERNAS.

El viejo principio de *divide y vencerás* formaba parte del quehacer diario de la Italia medieval y renacentista, y se manifestaba en el rejuego político de los gobiernos de los pequeños estados italianos y de las operaciones militares derivadas de éstos, que precisaba el apoyo y la alianza desventajosa con las potencias extranjeras, y esa división interna es la que Maquiavelo consideraba que había mantenido a Italia desunida y débil.

Movidos por estas razones, según creo, los venecianos fomentaban en las ciudades conquistadas la creación de güelfos y gibelinos., y aunque no los dejaban llegar al derramamiento de sangre, alimentaban, sin embargo, estas discordias entre ellos, a fin de que, ocupados en sus diferencias, no se uniesen contra el enemigo común. Pero, como hemos visto, este proceder se volvió en su contra, pues, derrotados en Vailá, uno de los partidos cobró valor y les arrebató todo el Estado. Semejantes recursos inducen a sospechar la existencia de alguna debilidad en el príncipe, porque un príncipe fuerte jamás tolerará tales divisiones, que podrán serle útiles en tiempos de paz, cuando, gracias a ellas, manejará más fácilmente a sus súbditos, pero que mostrarán su ineficacia en cuando sobrevenga la guerra.

Indudablemente, los príncipes son grandes cuando superan las dificultades y la oposición que se les hace. Por esta razón, y sobre todo cuando quiere hacer grande a un príncipe nuevo, a quien le es más necesario adquirir fama que a uno hereditario, la fortuna le suscita enemigos y guerras en su contra para darle oportunidad de que las supere y pueda, sirviéndose de la escala que los enemigos le han traído, elevarse a mayor altura. Y hasta hay quienes afirman que un príncipe hábil debe fomentar con astucia cierta resistencia para que, al aplastarlas, se acreciente su gloria.

Los príncipes, sobre todo los nuevos, han hallado más consecuencia y más utilidad en aquellos que al principio de su gobierno les eran sospechosos que en aquellos en quienes confiaban.

Sólo diré esto: que los hombres que al principio de un reinado han sido enemigos, si su carácter es tal que para continuar la lucha necesitan apoyo ajeno, el príncipe podrá siempre y muy fácilmente conquistarlos a su causa; y lo servirán con tanta más fidelidad cuanto que saben que les es preciso borrar con buenas obras la mala opinión en que se los tenía; y así el príncipe saca de ellos más provecho que de los que, por serle demasiado fieles descuidan sus obligaciones

Y puesto que el tema lo exige, no dejaré de recordar

al príncipe que adquiera un Estado nuevo mediante la ayuda de los ciudadanos que examine bien el motivo que impulsó a éstos a favorecerlo, porque si no se trata de afecto natural, sino de descontento con la situación anterior del Estado, difícil y fatigosamente podrá conservar su amistad, pues tampoco él podrá contentarlos. Con los ejemplos que los hechos antiguos y modernos proporcionan, medítese serenamente en la razón de todo esto, y se verá que es más fácil conquistar la amistad de los enemigos, que lo son porque estaban satisfechos con el gobierno anterior, que la de los que, por estar descontentos, se hicieron amigos del nuevo príncipe y lo ayudaron a conquistar el Estado.

7.-LOS GOBERNANTES Y LA GUERRA.

En cuanto al papel de los príncipes y gobernantes en operaciones bélicas y su preparación y disposición para participar en éstas, se muestra tajante al afirmar:

Un príncipe no debe tener otro objeto ni pensamiento ni preocuparse de cosa alguna fuera del arte de la guerra y lo que a su orden y disciplina corresponde, pues es lo único que compete a quien manda. Y su virtud es tanta, que no sólo conserva en su puesto a los que han nacido príncipes, sino que muchas veces eleva a esta dignidad a hombres de condición modesta; mientras que, por el contrario ha, hecho perder el Estado a príncipes que han pensado más en las diversiones que en las armas. Pues la razón principal de la pérdida de un Estado se halla siempre en el olvido de este arte, en tanto que la condición primera para adquirirlo es la de ser experto en él.

Aparte de otros males que trae, el estar desarmado hace despreciable, vergüenza que debe evitarse por lo que luego explicaré. Porque entre uno armado y otro desarmado no hay comparación posible, y no es razonable que quien esté armado obedezca de buen grado a quien no lo está, y que el príncipe desarmado se sienta seguro entre servidores armados, porque, desdeñoso uno y desconfiado el otro, no es posible que marchen de acuerdo. Por todo ello, un príncipe que, aparte de otras desgracias, no entienda de cosas militares, no puede ser estimado por sus soldados ni puede confiar en ellos.

Por otra parte, para el autor de *el príncipe.*

*... una **guerra** no se evita, sino que se difiere para provecho ajeno.*

*... para evitar una **guerra** nunca se debe dejar que un desorden siga su curso, porque no se la evita, sino se la posterga en perjuicio propio.*

8.-ACTITUDES MORALES DEL GOBERNANTE.

158

Maquiavelo separa la **moral**, la **ética** y hasta el **derecho**, del **gobierno**, de **la política** del Estado y da la posibilidad de que el Príncipe, el gobernante se sirva e incumpla sus normas y principios por el bien del gobierno o por la necesidad de mantener el poder. Para él todo vale en ese sentido, la mentira, el engaño la falta de valores y escrúpulos, la amistad, todo esta subordinado a las prioridades del gobierno y a la necesidad de mantener el poder a toda costa, algunos puede que le llamen a esto *razón de estado*.

Sobre todo, para el político del Renacimiento es necesaria e imprescindible la separación de la política, la moral y la ética, subordinando sin vacilar las dos últimas a la primera. Es cierto que durante toda la historia de la humanidad se han visto ejemplos de esto, incluso en nuestros días y hasta en esferas no políticas ajenas al Estado, como en el marketing y las finanzas entre otras, así como en la conducta socialmente censurable de algunas personas, independientemente de su educación y status político y social.

De todas formas, muchas de las críticas a las ideas de Maquiavelo han estado centradas en este aspecto altamente polémico y como se verá en lo adelante es comprensible que esto haya sido así

De lo cual se infiere una regla general que rara vez o nunca falla: que el que ayuda a otro a hacerse poderoso causa su propia ruina. Porque es natural que

el que se ha vuelto poderoso recele de la misma astucia o de la misma fuerza gracias a las cuales se lo ha ayudado.

Porque, en verdad, el único medio seguro de dominar una ciudad acostumbrada a vivir libre es destruirla. Quien se haga dueño de una ciudad así y no la aplaste, espere a ser aplastado por ella

Los hombres siguen casi siempre el camino abierto por otros y se empeñan en imitar las acciones de los demás

...todo hombre prudente debe entrar en el camino seguido por los grandes e imitar a los que han sido excelsos, para que, si no los iguala en virtud, por lo menos se les acerque.

No puedo, pues, censurar ninguno de los actos del duque (Cesar Borgia)*; por el contrario, me parece que deben imitarlos todos aquellos que llegan al trono mediante la fortuna y las armas ajenas. Porque no es posible conducirse de otro modo cuando se tienen tanto valor y tanta ambición. Y si sus propósitos no se realizaron, tan sólo fue por su enfermedad y por la brevedad de la vida de Alejandro. El príncipe nuevo que crea necesario defenderse de enemigos, conquistar amigos, vencer por la fuerza o por el fraude, hacerse amar o temer de los habitantes, respetar y obedecer por los soldados, matar a los que puedan perjudicarlo, reemplazar con nuevas las leyes antiguas, ser severo y* *amable, magnánimo y liberal, disolver las milicias infieles, crear nuevas, conservar la amistad de reyes y príncipes de modo que lo favorezcan de buen grado o lo ataquen con recelos; el que juzgue indispensable hacer todo esto, digo, no puede hallar ejemplos más recientes que los actos del duque.*

Porque muchos se han imaginado como existentes de veras a repúblicas y principados que nunca han sido vistos ni conocidos; porque hay tanta diferencia entre cómo se vive y cómo se debería vivir, que aquel que deja lo que se hace por lo que debería hacerse marcha a su ruina en vez de beneficiarse., pues un hombre que en todas partes quiera hacer profesión de bueno es inevitable que se pierda entre tantos que no lo son. Por lo cual es necesario que todo príncipe que quiera mantenerse aprenda a no ser bueno, y a practicarlo o no de acuerdo con la necesidad.

En cuanto al ejercicio de la mente, el príncipe debe estudiar la Historia, examinar las acciones de los hombres ilustres, ver cómo se han conducido en la guerra, analizar el por qué de sus victorias y derrotas para evitar éstas y tratar de lograr aquéllas; y sobre todo hacer lo que han hecho en el pasado algunos hombres egregios que, tomando a los otros por modelos, tenían siempre presentes sus hechos más celebrados

Esta es la conducta que debe observar un príncipe prudente: no permanecer inactivo nunca en los tiempos de paz, sino, por el contrario, hacer acopio de enseñanzas para valerse de ellas en la adversidad, a fin de que, si la fortuna cambia, lo halle preparado para resistirle

...todos los hombres, cuando se habla de ellos, y en particular los príncipes, por ocupar posiciones más elevadas, son juzgados por algunas de estas cualidades que les valen o censura o elogio. Uno es llamado pródigo, otro tacaño (y empleo un término toscano, porque "avaro", en nuestra lengua, es también el que tiende a enriquecerse por medio de la rapiña, mientras que llamamos "tacaño" al que se abstiene demasiado de gastar lo suyo); uno es considerado dadivoso, otro rapaz; uno cruel, otro clemente; uno traidor, otro leal; uno afeminado y pusilánime, otro decidido y animoso; uno humano, otro soberbio; uno lascivo, otro casto; uno sincero, otro astuto; uno duro, otro débil; uno grave, otro frívolo; uno religioso, otro incrédulo, y así sucesivamente. Sé que no habría nadie que no opinase que sería cosa muy loable que, de entre todas las cualidades nombradas, un príncipe poseyese las que son consideradas buenas; pero como no es posible poseerlas todas, ni observarlas siempre, porque la naturaleza humana no lo consiente, le es preciso ser tan cuerdo que sepa evitar la vergüenza de aquellas que le significarían la pérdida del Estado, y, sí puede, aun de las que no se lo harían perder; pero si no puede no debe preocuparse gran cosa, y mucho menos de incurrir en la infamia de vicios sin los cuales difícilmente podría salvar el Estado,

porque si consideramos esto con frialdad, hallaremos que, a veces, lo que parece virtud es causa de ruina, y lo que parece vicio sólo acaba por traer el bienestar y la seguridad

9.-LA ESTIMA DEL GOBERNANTE.

En este sentido el texto y el contenido de *el príncipe* se expresa por sí solo.

Nada hace tan estimable a un príncipe como las grandes empresas y el ejemplo de raras virtudes.

...porque siempre meditó y realizó hazañas extraordinarias que provocaron el constante estupor de los súbditos y mantuvieron su pensamiento ocupado por entero en el éxito de sus aventuras. Y estas acciones suyas nacieron de tal modo una tras otra que no dio tiempo a los hombres para poder preparar con tranquilidad algo en su perjuicio.

También concurre en beneficio del príncipe el hallar medidas sorprendentes en lo que se refiere a la administración, como se cuenta que las hallaba Bernabó de Milán. Y cuando cualquier súbdito hace algo notable, bueno o malo, en la vida civil, hay que descubrir un modo de recompensarlo o castigarlo que dé amplio tema de conversación a la gente. Y, por encima de todo, el príncipe debe ingeniarse por parecer grande e ilustre en cada uno de sus actos.

Asimismo se estima al príncipe capaz de ser amigo o enemigo franco, es decir, al que, sin temores de ninguna índole, sabe declararse abiertamente en favor de uno y en contra de otro. El abrazar un partido es siempre más conveniente que el permanecer neutral. Porque si dos vecinos poderosos se declaran la guerra, el príncipe puede encontrarse en uno de esos casos: que, por ser adversarios fuertes, tenga que temer a cualquier cosa de los dos que gane la guerra, o que no; en uno o en otro caso siempre le será más útil decidirse por una de las partes y hacer la guerra. Pues, en el primer caso, si no se define, será presa del vencedor, con placer y satisfacción del vencido; y no hallará compasión en aquél ni asilo en éste, porque el que vence no quiere amigos sospechosos y que no le ayuden en la adversidad, y el que pierde no puede ofrecer ayuda a quien no quiso empuñar las armas y arriesgarse en su favor.

Y siempre verás que aquel que no es tu amigo te exigirá la neutralidad, y aquel que es amigo tuyo te exigirá que demuestres tus sentimientos con las armas. Los príncipes irresolutos, para evitar los peligros presentes, siguen la más de las veces el camino de la neutralidad, y las más de las veces fracasan. Pero cuando el príncipe se declara valientemente por una de las partes, si triunfa aquella a la que se une, aunque sea poderosa y él quede a su discreción, estarán unidos por un vinculo de reconocimiento y de afecto; y los hombres nunca son tan malvados que dando prueba de tamaña ingratitud, lo sojuzguen. Al margen de esto, las victorias nunca son tan decisivas como para que el vencedor no tenga que guardar algún miramiento, sobre todo con respecto a la justicia. Y si el aliado pierde, el príncipe será amparado, ayudado por él en la medida de lo posible y se hará compañero de una fortuna que puede resurgir. En el segundo caso, cuando los que combaten entre sí no pueden inspirar ningún temor, mayor es, la necesidad de definirse, pues no hacerlo significa la ruina de uno de ellos, al que el príncipe, si fuese prudente, debería salvar, porque si vence queda a su discreción, y es imposible que con su ayuda no venza.

Conviene advertir que un príncipe nunca debe aliarse con otro más poderoso para atacar a terceros, sino, de acuerdo con lo dicho, cuando las circunstancias lo obligan, porque si venciera queda en su poder, y los príncipes deben hacer lo posible por no quedar a disposición de otros.

Pero la prudencia estriba en saber conocer la naturaleza de los inconvenientes y aceptar el menos malo por bueno.

El príncipe también se mostrará amante de la virtud y honrará a los que se distingan en las artes. Asimismo, dará seguridades a los ciudadanos para que puedan dedicarse tranquilamente a sus profesiones, al comercio, a la agricultura y a cualquier otra actividad; y que unos *no se abstengan de embellecer sus posesiones por temor a que se las quiten, y otros de abrir una tienda por miedo a los impuestos. Lejos de esto, instituirá premios para recompensar a quienes lo hagan y a quienes traten, por cualquier medio, de engrandecer la ciudad o el Estado. Todas las ciudades están divididas en gremios o corporaciones a las cuales conviene que el príncipe conceda su atención. Reúnase de vez en vez con ellos y dé pruebas de sencillez y generosidad, sin olvidarse, no obstante, de la dignidad que inviste, que no debe faltarle en, ninguna ocasión.*

10.-SOBRE LA RELIGION.

Maquiavelo, al igual que el sabio, político y filósofo chino Confucio, en épocas mucho más antiguas, raramente acude a la **religión** a la hora de justificar los actos de los hombres y sobre todo de los gobernantes, incluso hasta en la vida social, y cuando lo hace, a veces, a ésta no la deja bien parada, véase en *la Mandrágora* como un fraile incumple con sus deberes ante Dios para satisfacer necesidades materiales propias, o de la iglesia.

La **religión**, para el político florentino puede ser útil para el gobierno del Estado, o entorpecer sus funciones, pero no debe nunca sobreponerse a éste, incluso en los propios Estados Pontificales, donde a la hora de gobernar se acude a las leyes terrenales y se olvidan, o apartan los preceptos o principios divinos. Pues cuando se enfrenta el poder terrenal al divino, generalmente el primero se sobrepone al segundo.

La **religión** necesariamente tiene que estar subordinada al Estado, no puede anteponerse y mucho menos sobreponerse a éste, aunque puede ayudar el fervor religioso para alcanzar determinados fines. Esto constituye otro aporte de Maquiavelo a la teoría política moderna.

...los principados eclesiásticos, respecto a los cuales todas las dificultades existen antes de poseerlos, pues se adquieren o por valor o por suerte, y se conservan sin el uno ni la otra, dado que se apoyan en antiguas instituciones religiosas que son tan potentes y de tal calidad, que mantienen a sus príncipes en el poder sea cual fuere el modo en que éstos procedan y vivan.

Estos son los únicos que tienen Estados y no los defienden; súbditos, y no los gobiernan. Y los Estados, a pesar de hallarse indefensos, no les son arrebatados, y los súbditos, a pasar de carecer de gobierno, no se preocupan, ni piensan, ni podrían sustraerse a su soberanía. Son, por consiguiente, los (únicos principados seguros y felices. Pero como están regidos por leyes superiores, inasequibles a la mente humana, y como han sido inspirados por el Señor, sería oficio de hombre presuntuoso y temerario el pretender hablar de ellos.

En ocasiones, Maquiavelo en *el príncipe* y en otras obras,

ve a la Iglesia como institución religiosa, como algo que obstaculiza el desenvolvimiento del gobierno de los estados y en el caso de Italia le achacó, en gran medida la culpa por la cual no se hubiese logrado la unificación de las repúblicas, principados, y ciudades estado independientes de la península. Hasta en el caso donde coexisten las autoridades eclesiásticas con la nobleza llega a plantear:

...las disensiones y disputas entre los nobles son originadas por la ambición de los prelados.

11.-AUSTERIDAD O DERROCHE DE LOS GOBERNANTES DE UN ESTADO.

Maquiavelo considera que los recursos materiales han de ser bien administrados por el Estado y sobre todo por el príncipe o gobernante, y puestos al servicio de la política y el bienestar y seguridad del país. La economía subordinada a la política, pero nutriendo las necesidades de ésta. Por lo que a la hora de discernir prefiere al gobernante austero, incluso tacaño, al malgastador y derrochador, pues sabe que la política debe tener un sustento o sustrato material y en eso coincide con los clásicos del marxismo. El Estado necesita recursos para mantener y pertrechar al ejército y las infraestructuras materiales de gobierno.

Su propia vida personal es un ejemplo de austeridad.

Nació pobre y murió pobre, se escribe de él, o el mismo se definía, también sus herederos lo plantearon al morir, lo que no le impidió realizar grandes cosas por Florencia e Italia.

Empezando por las primeras de las cualidades nombradas, digo que estaría bien ser tenido por pródigo. Sin embargo, la prodigalidad, practicada de manera que se sepa que uno es pródigo, perjudica; y por otra parte, si se la practica virtuosamente y tal como se la debe practicar, la prodigalidad no será conocida y se creerá que existe el vicio contrario. Pero como el que quiere conseguir fama de pródigo entre los hombres no puede pasar por alto ninguna clase de lujos, sucederá siempre que un príncipe así acostumbrado a proceder consumirá en tales obras todas sus riquezas y se verá obligado, a la postre, si desea conservar su reputación, a imponer excesivos tributos, a ser riguroso en el cobro y a hacer todas las cosas que hay que hacer para procurarse dinero. Lo cual empezará a tornarle odioso a los ojos de sus súbditos, y nadie lo estimará, ya que se habrá vuelto pobre. Y como con su prodigalidad ha perjudicado a muchos y beneficiado a pocos, se resentirá al primer inconveniente y peligrará al menor riesgo. Y si entonces advierte su falla y quiere cambiar de conducta, será tachado de tacaño

Ya que un príncipe no puede practicar públicamente esta virtud sin que se perjudique, convendrá, si es sensato, que no se preocupe si es tildado de tacaño;

porque, con el tiempo, al ver que con su avaricia le bastan las entradas para defenderse de quien le hace la guerra, y puede acometer nuevas empresas sin gravar al pueblo, será tenido siempre por más pródigo, pues practica la generosidad con todos aquellos a quienes no quita, que son innumerables, y la avaricia con todos aquellos a quienes no da, que son pocos.

La experiencia de los papas Médicis habla en lo acertado del enfoque del autor de *el príncipe* sobre el empleo por los monarcas de los recursos materiales; así, el exagerado derroche de León X pasará factura a la Iglesia y ocasionará un cisma incontrolable de enorme magnitud que provocará la ruptura de ésta y el surgimiento del protestantismo, primero con Martín Lutero en Alemania y después en Francia, Suiza, Inglaterra (anglicanismo) y otros estados europeos.

La propia, generalmente intocable ciudad de los papas, caerá después de la muerte de León X; y Clemente VII tendrá que huir del Vaticano y refugiarse en el castillo de San Angelo y como consecuencia directa esto provocará durante algunos años la caída de nuevo de los Médicis en Florencia.

La corrupción, la ambición material, la ostentación desmedida llevaron a su Santidad, el Papa León X, al extremo de excederse hasta lo inimaginable en la venta de *absoluciones* firmadas por el Pontífice, o que se le achacaron a él, y circularon y se ofertaron por cualquier lugar de Europa y sin distinción de persona, independientemente de los crímenes y pecados cometidos. Solo era necesario pagar para lograr la absolución y el perdón de los pecados.

Los extremos de la época de León X desbordan cualquier hecho imaginativo y la dilapidación de los fondos eclesiásticos alcanzó niveles superiores que los realizados por cualquier otro patriarca de la iglesia, incluyendo los Borgia.

En nuestros tiempos sólo hemos visto hacer grandes cosas a los hombres considerados tacaños; los demás siempre han fracasado.

En consecuencia, un príncipe debe reparar poco --con tal de que ello le permita defenderse, no robar a los súbditos, no volverse pobre y despreciable, no mostrarse expoliador--en incurrir en el vicio de tacaño; porque éste es uno de los vicios que hacen posible reinar.

O el príncipe gasta lo suyo y lo de los súbditos, o gasta lo ajeno; en el primer caso debe ser medido, en el otro, no debe cuidarse del despilfarro. Porque el príncipe que va con sus ejércitos y que vive del botín, de los saqueos y de las contribuciones, necesita esa esplendidez a costa de los enemigos, ya que de otra manera los soldados no lo seguirían. Con aquello que no es del príncipe ni de sus súbditos se puede ser extremadamente generoso,

No hay cosa que se consuma tanto a sí misma como la prodigalidad, pues cuanto más se la practica más se pierde la facultad de practicarla; y se vuelve el príncipe pobre y despreciable, o, si quiere escapar de la pobreza, expoliador y odioso. Y si hay algo que deba evitarse, es el ser despreciado y odioso, y a ambas cosa conduce la prodigalidad. Por lo tanto, es más prudente contentarse con la tilde de tacaño que implica una vergüenza sin odio, que, por ganar fama de pródigo, incurrir en el de expoliador, que implica una vergüenza con odio.

12.-CRUELDAD O CLEMENCIA, AMOR O TEMOR EN *EL PRINCIPE.*

El gobernante ha de luchar por ser amado, querido y respetado por su pueblo, pero si esto no lo puede lograr y es necesario someterlo a vejaciones y cometer crímenes, o cualquier hecho de moralidad y ética dudosa, para que éste le tema, Maquiavelo no duda en considerar que esto pueda ser lo adecuado, aunque sea detestable, por lo que según él, se pueden justificar actos sumamente crueles sobre los ciudadanos, todo porque se tema al soberano y éste se mantenga en el poder.

En este aspecto, muchos critican y se muestran en desacuerdo con su elementalmente brutal y primitivo punto de vista, pero la realidad histórica corrobora que este modo de conducta ha estado presente en el devenir histórico de la especie humana hasta en épocas relativamente recientes. Las dictaduras y regímenes totalitarios son claro ejemplo de esto y en ellas se limitan, o suspenden las libertades básicas de la población, manteniendo un ambiente de terror y miedo para lograr la continuidad del gobierno o dictadura.

...declaro que todos los príncipes deben desear ser tenidos por clementes y no por crueles. Y, sin embargo, deben cuidarse de emplear mal esta clemencia, ... dado que ...los súbditos están más satisfechos porque pueden recurrir a él fácilmente y tienen más oportunidades para amarlo, si quieren ser buenos, y para temerlo, si quieren proceder de otra manera.

...Por lo tanto, un príncipe no debe preocuparse porque lo acusen de cruel, siempre y cuando su crueldad tenga por objeto el mantener unidos y fieles a los súbditos; porque con pocos castigos ejemplares será más clemente que aquellos que, por excesiva clemencia, dejan multiplicar los desórdenes, causas de matanzas y saqueos que perjudican a toda una población, mientras que las medidas extremas adoptadas por el príncipe sólo van en contra de uno. Y es sobre todo un príncipe nuevo el que no debe evitar los actos de crueldad, pues toda nueva dominación trae consigo infinidad de peligros.

Surge de esto una cuestión: si vale más ser amado que temido, o temido que amado. Nada mejor que ser ambas cosas a la vez; pero puesto que es difícil reunirlas y que siempre ha de faltar una, declaro que es más seguro ser temido que amado. Porque de la generalidad de los hombres se puede decir esto: que son ingratos, volubles, simuladores, cobardes ante el peligro y ávidos de lucro. Mientras les haces bien, son completamente tuyos: te ofrecen su sangre, sus bienes, su vida y sus hijos, pues --- como antes expliqué ---ninguna necesidad tienes de ello; pero cuando la necesidad se presenta se rebelan. Y el príncipe que ha descansado por entero en su palabra va a la ruina al no haber tomado otras providencias; porque las amistades que se adquieren con el dinero y no con !a altura y nobleza de alma son amistades merecidas, pero de las cuales no se dispone, y llegada la oportunidad no se las puede utilizar. Y los hombres tienen menos cuidado en ofender a uno que se haga amar que a uno que se haga temer; porque el amor es un vínculo de gratitud que los hombres, perversos por naturaleza, rompen cada vez que pueden beneficiarse; pero el temor es miedo al castigo que no se pierde nunca. No obstante lo cual, el príncipe debe hacerse temer de modo que, si no se granjea el amor, evite el odio, pues no es imposible ser a la vez temido y no odiado; y para ello bastará que se abstenga de apoderarse de los bienes y de las mujeres de sus ciudadanos y súbditos, y que no proceda contra la vida de alguien sino cuando hay justificación conveniente y motivo manifiesto; pero sobre todo abstenerse de los bienes ajenos, porque los hombres olvidan antes la muerte del padre que la pérdida del patrimonio. Luego, nunca faltan excusas para despojar a los demás de sus

174

*bienes, y el que empieza a vivir de la rapiña siempre
encuentra pretextos para apoderarse de lo ajeno, y, por
el contrario, para quitar la vida, son más raros y
desaparezcan con más rapidez.*

*Pero cuando el príncipe está al frente de sus ejércitos
y tiene que gobernar a miles de soldados, es
absolutamente necesario que no se preocupe si merece
fama de cruel, porque sin esta fama jamás podrá tenerse
ejército alguno unido y dispuesto a la lucha*

Aun hoy en día se padece este mal en algunos estados que
basan la estabilidad del gobierno en el temor de la
población a crueles represalias, no solo por faltas leves,
sino por hacer uso del derecho de la palabra y la lucha
por los derechos humanos y la libertad.

*Porque el príncipe natural tiene menos razones y
menor necesidad de ofender: de donde es lógico que sea
más amado; y a menos que vicios excesivos le atraigan el
odio, es razonable que le quieran con naturalidad los
suyos.*

*Ha de notarse, pues, que a los hombres hay que
conquistarlos o eliminarlos, porque si se vengan de las
ofensas leves, de las graves no pueden; así que la ofensa
que se haga al hombre debe ser tal, que le resulte
imposible vengarse.*

Creo que depende del bueno o mal uso que se hace

de la crueldad. Llamaría bien empleadas a las crueldades (si a lo malo se lo puede llamar bueno) cuando se aplican de una sola vez por absoluta necesidad de asegurarse, y cuando no se insiste en ellas, sino, por el contrario, se trata de que las primeras se vuelvan todo lo beneficiosas posible para los súbditos. Mal empleadas son las que, aunque poco graves al principio, con el tiempo antes crecen que se extinguen.

De donde se concluye que, al apoderarse de un Estado, todo usurpador debe reflexionar sobre los crímenes que le es preciso cometer, y ejecutarlos todos a la vez, para que no tenga que renovarlos día a día y, al no verse en esa necesidad, pueda conquistar a los hombres a fuerza de beneficios. Quien procede de otra manera, por timidez o por haber sido mal aconsejado, se ve siempre obligado a estar con el cuchillo en la mano, y mal puede contar con súbditos a quienes sus ofensas continúas y todavía recientes llenan de desconfianza. Porque las ofensas deben inferirse de una sola vez para que, durante menos, hieran menos; mientras que los beneficios deben proporcionarse poco a poco, a fin de que se saboreen mejor. Y, sobre todas las cosas, un príncipe vivirá con sus súbditos de manera tal, que ningún acontecimiento, favorable o adverso, lo haga variar; pues la necesidad que se presenta en los tiempos difíciles y que no se ha previsto, tú no puedes remediarla; y el bien que tú hagas ahora de nada sirve ni nadie te lo agradece, porque se considera hecho a la fuerza.

El que llegue a príncipe mediante el favor del pueblo debe esforzarse en conservar su afecto, cosa fácil, pues el pueblo sólo pide no ser oprimido

Insistiré tan sólo en que un príncipe necesita contar con la amistad del pueblo, pues de lo contrario no tiene remedio en la adversidad.

Volviendo a la cuestión de ser amado o temido, concluyo que, como el amar depende de la voluntad de los hombres y el temer de la voluntad de el príncipe, un príncipe prudente debe apoyarse en lo suyo y no en lo ajeno, pero, como he dicho, tratando siempre de evitar el odio.

13.-LA VERDAD Y EL CUMPLIMIENTO DE LAS PROMESAS.

Para el político florentino debe tratarse como norma el emplear y decir siempre la **verdad**, sobre todo en pactos y acuerdos entre naciones y dentro del propio Estado, así como en lo posible, cumplir las **promesas hechas** a la población; pero si esto no resulta factible por circunstancias excepcionales, entonces, de acuerdo a los fines políticos y de gobierno se ha de faltar a ésta, aunque **ética** y **moralmente** esto resulte censurable

Hoy en día esto se manifiesta claramente en la labor

política cotidiana donde algunos opinan que se promete mucho y se incumplen las promesas una vez los partidos alcanzan la dirección del gobierno o los fines esperados, por lo que la clase política puede perder credibilidad y muchas veces la población muestre apatía o pueda dudar de las palabras de éstos y el cumplimiento de sus compromisos.

...la experiencia nos demuestra, por lo que sucede en nuestros tiempos, que son precisamente los príncipes que han hecho menos caso de la fe jurada, envuelto a los demás con su astucia y reído de los que han confiado en su lealtad, los únicos que han realizado grandes empresas.

Digamos primero que hay dos maneras de combatir: una, con las leyes; otra, con la fuerza. La primera es distintiva del hombre; la segunda, de la bestia. Pero como a menudo la primera no basta, es forzoso recurrir a la segunda. Un príncipe debe saber entonces comportarse como bestia y como hombre.

...los hombres cambian con gusto de Señor, creyendo mejorar; y esta creencia los impulsa a tornar las armas contra él; en lo cual se engañan, pues luego la experiencia les enseña que han empeorado.

Pues se engaña quien cree que entre personas eminentes los beneficios nuevos hacen olvidar las ofensas antiguas.

...porque la finalidad del pueblo es más honesta que la de los grandes, queriendo estos oprimir, y aquél no ser oprimido.

Pero si es un príncipe quien confía en él, y un príncipe valiente que sabe mandar, que no se acobarda en la adversidad y mantiene con su ánimo y sus medidas el ánimo de todo su pueblo, no sólo no se verá nunca defraudado, sino que se felicitará de haber depositado en él su confianza.

De manera que, ya que se ve obligado a comportarse como bestia, conviene que el príncipe se transforma en zorro y en león, porque el león no sabe protegerse de las trampas ni el zorro protegerse de los lobos. Hay, pues, que ser zorro para conocer las trampas y león para espantar a los lobos. Los que sólo se sirven de las cualidades del león demuestran poca experiencia. Por lo tanto, un príncipe prudente no debe observar la fe jurada cuando semejante observancia vaya en contra de sus intereses y cuando hayan desaparecido las razones que le hicieron prometer. Si los hombres fuesen todos buenos, este precepto no sería bueno; pero como son perversos, y no la observarían contigo, tampoco tú debes observarla con ellos. Nunca faltaron a un príncipe razones legitimas para disfrazar la inobservancia. Se podrían citar innumerables ejemplos modernos de tratados de paz y promesas vueltos inútiles por la infidelidad de los príncipes. Que el que mejor ha sabido ser zorro, ése ha triunfado. Pero hay que saber disfrazarse bien y ser hábil en fingir y en disimular. Los hombres son tan simples y de tal manera obedecen a las necesidades del momento, que aquel que engaña encontrará siempre quien se deje engañar.

No es preciso que un príncipe posea todas las virtudes citadas, pero es indispensable que aparente poseerlas. Y hasta me atreveré a decir esto: que el tenerlas y practicarlas siempre es perjudicial, y el aparentar tenerlas, útil. Está bien mostrarse piadoso, fiel, humano, recto y religioso, y asimismo serlo efectivamente; pero se debe estar dispuesto a irse al otro extremo si ello fuera necesario. Y ha de tenerse presente que un príncipe, y sobre todo un príncipe nuevo, no puede observar todas las cosas gracias a las cuales los hombres son considerados buenos, porque, a menudo, para conservarse en el poder, se ve arrastrado a obrar contra la fe, la caridad, la humanidad y la religión. Es preciso, pues, que tenga una inteligencia capaz de adaptarse a todas las circunstancias, y que, como he dicho antes, no se aparte del bien mientras pueda, pero que, en caso de necesidad, no titubee en entrar en el mal.

Por todo esto un príncipe debe tener muchísimo cuidado de que no le brote nunca de los labios algo que no esté empapado de las cinco virtudes citadas, y de que, al verlo y oírlo, parezca la clemencia, la fe, la rectitud y la religión mismas, sobre todo esta última. Pues los hombres, en general, juzgan más con los ojos que con las manos, porque todos pueden ver, pero pocos tocar. Todos ven lo que pareces ser, mas pocos saben lo que eres; y estos pocos no se atreven a oponerse a la opinión de la mayoría, que se escuda detrás de la majestad del Estado. Y en las acciones de los hombres, y particularmente de los príncipes, donde no hay apelación posible, se atiende a los resultados. Trate, pues, un príncipe de vencer y conservar el Estado, que los medios siempre serán honorables y loados por todos; porque el vulgo se deja engañar por las apariencias y por el éxito; y en el mundo sólo hay vulgo, ya que las minorías no cuentan sino cuando las mayorías no tienen donde apoyarse. Un príncipe de estos tiempos, a quien no es oportuno nombrar, jamás predica otra cosa que concordia y buena fe; y es enemigo acérrimo de ambas, ya que, si las hubiese observado, habría perdido más de una vez la fama y las tierras.

14.-DESPRECIO U ODIO AL PRINCIPE.

Para Maquiavelo: cuídese todo príncipe o gobernante de granjearse o contar con el **odio** o el **desprecio** de su pueblo, pues si lo hace no le bastarán las fortalezas, los ejércitos o cualquier medio represivo por cruel y dictatorial que este sea, pues tarde o temprano sobrevendrá su caída en vida, o después de la muerte el desprecio de su nombre.

Trate el príncipe de huir de las cosas que lo hagan odioso o despreciable, y una vez logrado, habrá cumplido con su deber y no tendrá nada que temer de los otros vicios. Hace odioso, sobre todo, como ya he dicho antes, el ser expoliador y el apoderarse de los bienes y de las mujeres de los súbditos, de todo lo cual convendrá abstenerse. Porque la mayoría de los hombres, mientras no se ven privados de sus bienes y de su honor, viven contentos; y el príncipe queda libre para combatir la ambición de los menos que puede cortar fácilmente y de mil maneras distintas. Hace despreciable el ser considerado voluble, frívolo, afeminado, pusilánime e irresoluto, defectos de los cuales debe alejarse como una nave de un escollo, e ingeniarse para que en sus actos se reconozca grandeza, valentía, seriedad y fuerza. Y con respecto a los asuntos privados de los súbditos, debe procurar que sus fallos sean irrevocables y empeñarse en adquirir tal autoridad que nadie piense en engañarlo ni envolverlo con intrigas.

El príncipe que conquista semejante autoridad es siempre respetado, pues difícilmente se conspira contra quien, por ser respetado, tiene necesariamente ser bueno y querido por los suyos. Y un príncipe debe temer dos cosas: en el interior, que se le subleven los súbditos; en el exterior, que le ataquen. Las potencias extranjeras. De éstas se, defenderá con buenas armas y buenas alianzas, y siempre tendrá buenas alianzas el que tenga buenas armas, así como siempre en el interior estarán seguras las cosas cuando lo estén en el exterior, a menos que no hubiesen sido previamente perturbadas por una conspiración. Y aun cuando los enemigos de afuera amenazasen, si ha vivido como he aconsejado y no pierda la presencia de espíritu resistirá todos los ataques

En lo que se refiere a los súbditos, y a pesar de que no exista amenaza extranjera alguna, ha de cuidar que no conspiren secretamente; pero de este peligro puede asegurarse evitando que lo odien o lo desprecien y, como ya antes he repetido, empeñándose por todos los medios en tener satisfecho al pueblo. Porque el no ser odiado por el pueblo es uno de los remedios más eficaces de que dispone un príncipe contra las conjuraciones. El conspirador siempre cree que el pueblo quedará contento con la muerte del príncipe, y jamás, si sospecha que se producirá el efecto contrario, se decide a tomar semejante partido, pues son infinitos los peligros que corre el que conspira. La experiencia nos demuestra que hubo muchísimas conspiraciones y que muy pocas tuvieron éxito. Porque el que conspira no puede obrar solo ni buscar la complicidad de los que no cree descontentos; y no hay descontento que no se regocije en cuanto le hayas confesado tus propósitos, porque de la revelación de tu secreto puede esperar toda clase de beneficios; es preciso que, sea muy amigo tuyo o enconado enemigo de el príncipe para que, al hallar en una parte ganancias seguras y en la otra dudosas y

183

llenas de peligro, te sea, leal. Y para reducir el problema a, sus últimos términos, declaro que de parte del conspirador sólo hay recelos, sospechas y temor al castigo, mientras que el príncipe cuenta con la majestad del principado, con las leyes y con la ayuda de los amigos, de tal manera que, si se ha granjeado la simpatía popular, es imposible que haya alguien que sea tan temerario como para conspirar. Pues si un conspirador está por lo común rodeado de peligros antes de consumar el hecho, lo estará aún más después de ejecutarlo, porque no encontrará amparo en ninguna parte.

Llego, pues, a la conclusión de que un príncipe, cuando es apreciado por el pueblo, debe cuidarse muy poco de las conspiraciones; pero que debe temer todo y a todos cuando lo tienen por enemigo y es aborrecido por él. Los Estados bien organizados y los príncipes sabios siempre han procurado no exasperar a los nobles y, a la vez, tener satisfecho y contento al pueblo. Es éste uno de los puntos a que más debe atender un príncipe.

De donde puede extraerse esta consecuencia digna de mención: que los príncipes deben encomendar a los demás las tareas gravosas y reservarse las agradables.

Y aquí se debe señalar que el odio se gana tanto con las buenas acciones como con las perversas, por cuyo motivo, como dije antes, un príncipe que quiere conservar el poder es a menudo forzado a no ser bueno, porque cuando aquel grupo, ya sea pueblo, soldados o nobles, del que tú juzgas tener necesidad para mantenerte, está corrompido, te conviene seguir su capricho para satisfacerlo, pues entonces las buenas acciones serían tus enemigas.

Sobre el magnicidio, también se pronuncia el autor de *el príncipe*:

Por este motivo se hizo odioso a todo el mundo, empezó a ser temido por los mismos que lo rodeaban y a la postre fue muerto por un centurión en presencia de todo el ejército. Conviene notar al respecto no está en manos de ningún príncipe evitar esta clase de atentados, producto de la firme decisión de un hombre de carácter, porque al que no le importa morir no le asusta quitar la vida a otro., pero no los tema el príncipe, pues son rarísimos, y preocúpese, en cambio, por no inferir ofensas graves a nadie que esté junto a él para el servicio del Estado. Es lo que no hizo Antonino, ya que, a pesar de haber asesinado en forma ignominiosa a un hermano del centurión, y de amenazar a éste diariamente con lo mismo, lo conservaba en su guardia particular: tranquilidad temeraria que tenía que traerle la muerte, y se la trajo.

...odiado por un grupo y aborrecido por el otro, fue asesinado a consecuencia de una conspiración

Su propio ejército, mientras sitiaba a Aquilea sin

poder tomarla, cansado de sus crueldades y temiéndolo menos al verlo rodeado de tantos enemigos, se plegó al movimiento y lo mató.

Cualquiera que meditase este discurso hallaría que la causa de la ruina de los emperadores citados ha sido el odio o el desprecio, y descubriría a qué se debe que, mientras parte de ellos procedieron de un modo y parte de otro, en ambos modos hubo dichosos y desgraciados.

15.-MINISTROS O SECRETARIOS.

El Estado debe estar gobernado por dirigentes inteligentes, capaces y laboriosos y si el Príncipe no muestra estas aptitudes, o como es natural necesita ayuda en el desarrollo de sus funciones, ha de estar asistido por otros integrantes del gobierno: **Ministros** o **Secretarios**, honrados, capaces y laboriosos que accedan a los puestos claves por su experiencia, conocimientos, méritos propios y su ejemplaridad y no por lazos de parentesco, amistad, o riqueza.

No es punto carente de importancia la elección de los ministros, que será buena o mala según la cordura del príncipe. La primera opinión que se tiene del juicio de un príncipe se funda en los hombres que lo rodean: si son capaces y fieles, podrá reputárselo por sabio, pues supo hallarlos capaces y mantenerlos fieles; pero cuando no lo son, no podrá considerarse prudente a un príncipe que el

186

primer error que comete lo comete en esta elección.

Pues hay tres clases de cerebros: el primero discierne por sí; el segundo entiende lo que los otros disciernen, y el tercero no discierne ni entiende lo que los otros disciernen. El primero es excelente, el segundo bueno y el tercero inútil. Era, pues, absolutamente indispensable que, si Pandolfo no se hallaba en el primer caso, se hallase en el segundo. Porque con tal que un príncipe tenga el suficiente discernimiento para darse cuenta de lo bueno o malo que hace y dice, reconocerá, aunque de por sí no las descubra, cuáles son las obras buenas y cuáles las malas de un ministro, y podrá corregir éstas y elogiar las otras; y el ministro, que no podrá confiar en engañarlo, se conservará honesto y fiel.

Para conocer a un ministro hay un modo que no falla nunca. Cuando se ve que un ministro piensa más en él que en uno y que en todo no busca sino su provecho, estamos en presencia de un ministro que nunca será bueno y en quien el príncipe nunca podrá confiar. Porque el que tiene en sus manos el Estado de otro jamás debe pensar en sí mismo, sino en el príncipe, y no recordarle sino las cosas que pertenezcan a él. Por su parte, el príncipe, para mantenerlo constante en su fidelidad, debe pensar en el ministro. Debe honrarlo, enriquecerlo y colmarlo de cargos, de manera que comprenda que no puede estar sin él, y que los muchos honores no le hagan desear más honores, las muchas riquezas no le hagan ansiar más riquezas y los muchos cargos le hagan temer los cambios políticos. Cuando los ministros, y los príncipes con respecto a los ministros, proceden así, pueden confiar unos en otros; pero cuando proceden de otro modo, las consecuencias son perjudiciales tanto para unos como para otros

Esto no solo lo aprecia Maquiavelo en los principados, sino que lo vivió y sufrió en carne propia en la República de Florencia donde al final los puestos claves del Estado estaban en manos de miembros de una oligarquía que muchas veces mostraban falta de preparación para los cargos de gobierno que ostentaban, o a los que podían acceder

No quiero pasar por alto un asunto importante, y es la falta en que con facilidad caen los príncipes si no son muy prudentes o no saben elegir bien. Me refiero a los aduladores, que abundan en todas las cortes. Porque los hombres se complacen tanto en sus propias obras, de tal modo se engañan, que no atinan a defenderse de aquella calamidad; y cuando quieren defenderse, se exponen al peligro de hacerse despreciables. Pues no hay otra manera de evitar la adulación que el hacer comprender a los hombres que no ofenden al decir la verdad; y resulta que, cuando todos pueden decir la verdad, faltan al respeto. Por lo tanto, un príncipe prudente debe preferir un tercer modo: rodearse de los hombres de buen juicio de su Estado, únicos a los que dará libertad para decirle la verdad, aunque en las cosas sobre las cuales sean interrogados y sólo en ellas. Pero debe interrogarlos sobre todos los tópicos, escuchar sus opiniones con paciencia y después resolver por sí y a su albedrío. Y con estos consejeros comportarse de tal manera que nadie ignore que será tanto más estimado cuanto más libremente hable. Fuera de ellos, no escuchar a ningún otro, poner en seguida en práctica lo resuelto y ser obstinado en su cumplimiento

Por todo lo anterior, un príncipe debe pedir consejo siempre, pero en el momento que él lo considere conveniente y no cuando se lo impongan, o traten de dictárselo los demás, por lo cual debe evitar que nadie emita pareceres mientras no sea interrogado o consultado sobre un tema o cuestión.

No obstante, el gobernante debe preguntar a menudo, escuchar con paciencia la verdad acerca de las cosas sobre las cuales ha interrogado y ofenderse cuando se entera de que alguien no se la ha dicho por temor, pues se engañan los que creen que un príncipe es juzgado sensato gracias a los buenos consejeros que tiene en derredor y no gracias a sus propias cualidades. Porque ésta es una regla general que no falla nunca, un príncipe que no es sabio no puede ser bien aconsejado y por ende no puede gobernar, a menos que se ponga bajo la tutela de un hombre muy prudente que lo guíe en todo. pero aun en este caso duraría poco en el poder, pues el Ministro no tardaría en despojarlo del Estado. Y si pide consejos a más de uno, estos serán siempre distintos, y un príncipe que no sea sabio no podrá conciliarlos. Cada uno de los consejeros pensará en lo suyo, y él no podrá saberlo, ni corregirlo. Y es imposible hallar otra clase de consejeros, porque los hombres se comportarán siempre mal mientras la necesidad no los obligue a lo contrario. De esto se concluye que es conveniente que los buenos consejos, vengan de quien vinieren, nazcan de la prudencia del príncipe y no la prudencia de éste de los buenos consejos.

El propio Maquiavelo realizó numerosas misiones diplomáticas en el extranjero que por su rango de dirección, o la delicadeza y gravedad del asunto, no le correspondían desarrollar, mientras los embajadores miembros de la oligarquía florentina descansaban en él sus obligaciones, y al final se alzaban con el mérito de los resultados y acuerdos alcanzados

Esto mismo lo observó en el entorno de los Médicis, cuando éstos se vieron rodeados por múltiples cortesanos arribistas no aptos para el gobierno, mientras, Maquiavelo, funcionario mucho más capaz y competente se vio relegado al *destierro* y la inactividad.

16.-LA DIPLOMACIA.

Maquiavelo, quizás como nadie en su época manejó tan bien las artes de la diplomacia. Él sabía que no contaba con dotes de líder popular ni de caudillo, tampoco con riquezas y títulos nobiliarios que lo avalaran, por lo que desarrolló brillantemente sus dotes diplomáticas, el diálogo, la calma, la perseverancia, la observación, incluso si era necesario la adulación, la mentira y la falta o incumplimiento de compromisos para tratar de lograr que Florencia se mantuviese libre e independiente como Estado italiano

Aunque en defensa de Maquiavelo hay que decir que estas últimas eran artes que se aplicaban con frecuencia en aquellos tiempos y la situación de indecisión y división política de Italia favorecía, que se hiciera uso de éstos sutiles y generalmente inadecuados métodos, y puede que los italianos fuesen en esto, sin pretender censurarlos, unos verdaderos maestros, incluyendo los florentinos.

Hay que destacar que el propio Maquiavelo era un hombre escaso de recursos económicos y con numerosa familia, y que malvivía de un pequeño sueldo de funcionario, por lo que se puede justificar en parte la aparente o real *adulación* a Lorenzo II el joven en *el príncipe*, y en cierta medida a los Médicis en general, una vez caída la república; aunque en esencia él no era un apologista de los *padrinos del renacimiento*, y en gran medida achacaba el inmovilismo y las debilidades de Florencia al hecho de estar sometida durante tantos años a su mandato, de forma directa e indirecta.

No hay que olvidar, que incluso después de la muerte de Maquiavelo, los Médicis siguieron rigiendo los destinos de Florencia por 200 años más, a los que hay que sumar

191

los cerca de cien que ya llevaban controlando el gobierno de la ciudad y del Estado, desde los tiempos de Cosme de Médicis.

Sobre la base de lo anterior pudiese parecer imposible que Maquiavelo resultara imparcial cuando redactó su *Historia de Florencia*, bajo pedido y pagada por su Santidad, el Papa Clemente VII (Giuliano de Médicis), pero lo pudo lograr, en gran medida, gracias a sus innegables dotes literarias, su valentía y sinceridad, y su ingenio diplomático, por lo que al final la obra convenció a todos, indiferentemente de los bandos en que se militase.

Los que desean congraciarse con un príncipe suelen presentársele con aquello que reputan por más precioso entre lo que poseen, o con lo que juzgan más ha de agradarle; de ahí que se vea que muchas veces le son regalados caballos, armas, telas de oro, piedras preciosas y parecidos adornos dignos de su grandeza. Deseando, pues, presentarme ante Vuestra Magnificencia con algún testimonio de mi sometimiento, no he encontrado entre lo poco que poseo nada que me sea más caro o que tanto estime como el conocimiento de las acciones de los hombres, adquirido gracias a una larga experiencia de las cosas modernas y a un incesante estudio de las antiguas.[1] Acciones que luego de examinar y meditar durante mucho tiempo y con gran seriedad, he encerrado en un corto volumen, que os dirijo.

Y aunque juzgo esta obra indigna de Vuestra Magnificencia, no por eso confío menos en que sabréis aceptarla, considerando que no puedo haceros mejor regalo que poneros en condición de poder entender, en brevísimo tiempo, todo cuanto he aprendido en muchos años y a costa de tantos sinsabores y peligros. No he adornado ni hinchado esta obra con cláusulas interminables, ni con palabras ampulosas y magníficas, ni con cualesquier atractivos o adornos extrínsecos, cual muchos suelen hacer con sus cosas; porque he querido, o que nada la honre, o que sólo la variedad de la materia y la gravedad del tema la hagan grata. No quiero que se mire como presunción el que un hombre de humilde cuna se atreva a examinar y criticar el gobierno de los príncipes. Porque axial como aquellos que dibujan un paisaje se colocan en el llano para apreciar mejor los montes y los lugares altos, y para apreciar mejor el llano escalan los montes así para conocer bien la naturaleza de los pueblos hay que ser príncipe, y para conocer la de los príncipes hay que pertenecer al pueblo.

Acoja, pues, Vuestra Magnificencia este modesto obsequio con el mismo ánimo con que yo lo hago; si lo lee y medita con atención, descubrirá en él un vivísimo deseo mío: el de que Vuestra Magnificencia llegue a la grandeza que el destino y sus virtudes le auguran. Y si Vuestra Magnificencia, desde la cúspide de su altura, vuelve alguna vez la vista hacia este llano, comprenderá cuán inmerecidamente soporto una grande y constante

193

malignidad de la suerte.

Ha hallado, pues, Su Santidad el papa León una Iglesia potentísima; y se puede esperar que axial como aquéllos la hicieron grande por las armas, éste la hará aún más poderosa y venerable por su bondad y sus mil otras virtudes.

Quien no procede así se pierde por culpa de los aduladores o, si cambia a menudo de parecer, es tenido en menos.

17.-LA FORTUNA, LA VALENTIA, LA TEMERIDAD.

Maquiavelo considera que en la guerra y en la política no se puede confiar en la *suerte* y la *fortuna,* aunque algunos hombres disfrutaron de las mismas como el Papa Julio II en sus acciones militares, muchas veces arriesgadas y en contra de lo previsto, o aconsejado por las artes y métodos de la guerra, y de la política.

Pero como ambas, la *suerte* y la *fortuna* pueden resultar beneficiosas o perjudiciales, considera que el que aspire a conseguir el éxito debe tratar de contar con otros, o sus propios medios, aunque la valentía y la temeridad cuando se auxilian de éstas pueden dar resultados sorprendentes, como logró Alejandro Magno, Julio César, el propio Papa Julio II y algunos conquistadores de América como Hernán Cortés, cuando mandó a quemar sus naves para evitar las posibles sublevaciones de sus hombres en su conquista de México, contando con una notable inferioridad numérica.

...se adquieren Estados en una provincia con idioma, costumbres y organización diferentes, surgen entonces las dificultades y se hace precisa mucha suerte y mucha habilidad para conservarlos.

...prefirieron confiar en su prudencia y en su valor, no ignorando que el tiempo puede traer cualquier cosa consigo, y que puede engendrar tanto el bien como el mal, y tanto el mal como el bien.

Y dado que el hecho de que un hombre se convierta de la nada en príncipe presupone necesariamente talento o suerte, es de creer que una u otra de estas dos cosas allana, en parte, muchas dificultades. Sin embargo, el que menos ha confiado en el azar es siempre el que más tiempo se ha conservado en su conquista

No ignoro que muchos creen y han creído que las cosas del mundo están regidas por la fortuna y por Dios, de tal modo que los hombres más prudentes no pueden modificar- las; y, más aún, que no tienen remedio alguno contra ellas. De lo cual podrían deducir que no vale la pena fatigarse mucho en las cosas, y que es mejor dejarse gobernar por la suerte. Esta opinión ha gozado de mayor crédito en nuestros tiempos por los cambios extraordinarios, fuera de toda conjetura humana, que se han visto y se ven todos los días.

Y yo, pensando alguna vez en ello, me he sentido algo inclinado a compartir el mismo parecer. Sin embargo, y a fin de que no se desvanezca nuestro libre albedrío, acepto por cierto que la fortuna sea juez de la mitad de nuestras acciones, pero que nos deja gobernar la otra mitad, o poco menos. Y la comparo con uno de esos ríos antiguos que cuando se embravecen, inundan las llanuras, derriban los árboles y las casas y arrastran la tierra de un sitio para llevarla a otro; todo el mundo huye delante de ellos, todo el mundo cede a su furor. Y aunque esto sea inevitable, no obsta para que los hombres, en las épocas en que no hay nada que temer, tomen sus precauciones con diques y reparos, de manera que si río crece otra vez, o tenga que deslizarse por un canal o su fuerza no sea tan desenfrenada ni tan perjudicial. Así sucede con la fortuna, que se manifiesta con todo su poder allí donde no hay virtud preparada para resistirle y dirige sus ímpetus allí donde sabe que no se han hecho diques ni reparos para contenerla. Y si ahora contemplamos a Italia, teatro de estos cambios y punto que los ha engendrado, veremos que es una llanura sin diques ni reparos de ninguna clase; y que si hubiese estado defendida por la virtud necesaria, como lo están Alemania, España y Francia, o esta inundación no habría provocado las grandes transformaciones que ha provocado, o no se habría producido. Y que lo dicho sea suficiente sobre la necesidad general de oponerse a la fortuna.

Pero ciñéndome más a los detalles me pregunto por qué un príncipe que hoy vive en la prosperidad, mañana se encuentra en la desgracia, sin que se haya operado ningún cambio en su carácter ni en su conducta. A mi juicio, esto se debe, en primer lugar, a las razones que expuse con detenimiento en otra parte, es decir, a que el príncipe que confía ciegamente en la fortuna perece en cuanto en cuanto ella cambia. Creo también que es feliz el que concilia su manera de obrar con la índole de las circunstancias, y que del mismo modo es desdichado el que no logra armonizar una cosa con la otra. Pues se ve que los hombres, para llegar al fin que se proponen, esto es, a la gloria y las riquezas, proceden en forma distinta: uno con cautela, el otro con ímpetu; uno por la violencia, el otro por la astucia; uno con paciencia, el otro con su contrario; y todos pueden triunfar por medios tan dispares. Se observa también que, de dos hombres cautos, el uno consigue su propósito y el otro no, y que tienen igual fortuna dos que han seguido caminos encontrados, procediendo el uno con cautela y el otro con ímpetu: lo cual no se debe sino a la índole de las circunstancias, que concilia o no con la forma de comportarse. De aquí resulta lo que he dicho: que dos que actúan de distinta manera obtienen el mismo resultado; y que de dos que actúan de igual manera, uno alcanza su objeto y el otro no. De esto depende asimismo el éxito, pues si las circunstancias y los acontecimientos se presentan de tal modo que el príncipe que es cauto y paciente se ve favorecido, su gobierno será bueno y él será feliz; mas si cambian, está perdido, porque no cambia al mismo tiempo su proceder. Pero no existe hombre lo suficientemente dúctil como para adaptarse a todas las circunstancias, ya porque no puede desviarse de aquello a lo que la naturaleza lo inclina, ya porque no puede resignarse a abandonar un camino que siempre le ha sido próspero. El hombre cauto fracasa cada vez que es preciso ser impetuoso. Que si cambiase de conducta junto con las circunstancias, no cambiaría su fortuna.

Los que sólo por la suerte se convierten en príncipes poco esfuerzo necesitan para llegar a serlo, pero no se mantienen sino con muchísimo

Se concluye entonces que, como la fortuna varía y los hombres se obstinan en proceder de un mismo modo, serán felices mientras vayan de acuerdo con la suerte e infelices cuando estén en desacuerdo con ella. Sin embargo, considero que es preferible ser impetuoso y no cauto, porque la fortuna es mujer y se hace preciso, si se la quiere tener sumisa, golpearla y zaherirla. Y se ve que se deja dominar por éstos antes que por los que actúan con tibieza. Y, como mujer, es amiga de los jóvenes, porque son menos prudentes y más fogosos y se imponen con más audacia.

18.-SOBRE LOS EXTRANJEROS.

Maquiavelo, al igual que muchos italianos de la época, emplea el calificativo de *bárbaros* para referirse a los extranjeros, dado al parecer el alto grado de desarrollo cultural alcanzado en la península y sobre todo por la Florencia del Renacimiento en las ciencias, las artes y la ingeniería o quizás a su aversión hacia los invasores foráneos, que utilizaban Italia como centro y ensayo de sus operaciones militares y de conquista, aprovechando la debilidad de ésta, dividida y fragmentada en diversos principados, Repúblicas y ciudades estado, con el objeto de saquear sus riquezas y someter a la población a todos los vejámenes posibles.

También observa y censura cómo en los litigios entre los Estados vecinos, es costumbre en Italia el pedir socorro a las potencias extranjeras. Así lo hizo el Ducado de Milán con los franceses (Carlos VIII) para enfrentar o debilitar a los demás estados italianos, incluyendo Venecia y después ésta última lo realizó de nuevo con los franceses, en esta ocasión con Luís XII en contra de los milaneses.

La propia Florencia tenía tratados con los franceses y requirió su apoyo en su guerra contra Pisa, también el Papa Julio II posibilitó la entrada en suelo italiano de franceses, alemanes, suizos y españoles para enfrentar a Venecia y otros estados, aunque alardeaba de lo contrario y deseaba que no hubiese extranjeros gobernando Italia.

Las opiniones del político del Renacimiento, a veces veladas sobre la presencia de extranjeros en Italia, se ve plasmada claramente en sus ruegos finales a Lorenzo II de Médicis:

Vedla cómo ruega a Dios que le envíe a alguien que la redima de esa crueldad e insolencia de los bárbaros.

19.-PATRIOTISMO Y ADULACION DE MAQUIAVELO EN *EL PRINCIPE.*

En relación con esto, en el final de *el príncipe* se expresan claramente cuales eran los propósitos del autor cuando dedicó su obra a Lorenzo II de Médicis, y qué pedía o necesitaba de él en lo patriótico y en lo personal, si bien éste no era la figura más adecuada y pocos, o ninguno había en Italia que estuviesen en condiciones de concretar las ideas de Maquiavelo, o en disposición de hacerlo, y además, en aquel momento aún no estaban creadas las condiciones objetivas para lograrlo, por lo que más que una solicitud se convierte casi en un ruego sin respuesta, o semilla sembrada en tierra baldía.

Después de meditar en todo lo expuesto, me preguntaba si en Italia, en la actualidad, las circunstancias son propicias para que un nuevo príncipe pueda adquirir gloria, esto es necesario a un hombre prudente y virtuoso para instaurar una nueva forma de gobierno, por la cual, honrándose a sí mismo, hiciera la felicidad de los italianos. Y no puede menos que responderme que eran tantas las circunstancias que concurrían en favor de un príncipe nuevo, que difícilmente podría hallarse momento más adecuado. Y si, como he dicho, fue preciso para que Moisés pusiera de manifiesto sus virtudes que el pueblo de Israel estuviese esclavizado en Egipto, y para conocer la grandeza de Ciro que los persas fuesen oprimidos por los medas, y la excelencia de Teseo que los atenienses se dispersaran, del mismo modo, para conocer la virtud de un espíritu italiano, era necesario que Italia se viese llevada al extremo en que yace hoy, y que estuviese más esclavizada que los hebreos, más oprimida que los persas y más desorganizada que los atenienses; que careciera de jefe y de leyes, que se viera castigada, despojada, escarnecida e invadida, y que soportara toda clase de vejaciones. Y aunque hasta ahora se haya notado en este o en aquel hombre algún destello de genio como para creer que había sido enviado por Dios para redimir estas tierras, no tardó en advertirse que la fortuna lo abandonaba en lo más alto de su carrera. De modo que, casi sin un soplo de vida, espera Italia al que debe curarla de sus heridas, poner fin a los saqueos de Lombardia y a las contribuciones del Reame y de Toscana y cauterizar sus llagas desde tanto tiempo gangrenadas.

Vedla cómo ruega a Dios que le envíe a alguien que la redima de esa crueldad e insolencia de los bárbaros. Vedla pronta y dispuesta a seguir una bandera mientras haya quien la empuña. Y no se ve en la actualidad en quien uno pueda confiar más que en vuestra ilustre casa, para que con su fortuna y virtud, preferida de Dios y de

201

la Iglesia, de la cual es ahora príncipe, pueda hacerse jefe de esta redención. Y esto no os parecerá difícil si tenéis presentes la vida y acciones de los príncipes mencionados. Y aunque aquéllos fueron hombres raros y maravillosos, no dejaron de ser hombres; y no tuvo ninguna ocasión tan favorable como la presente; porque sus empresas no fueron más justas ni más fáciles que ésta, ni Dios les fue más benigno de lo que lo es con vos. Que es justicia grande: iustum enim est bellum quibus necessarium, et pia arma ubi nulla nisi in armis spes est. Aquí hay disposición favorable; y donde hay disposición favorable no puede haber grandes dificultades, y sólo falta que vuestra casa se inspire en los ejemplos de los hombres que he propuesto por modelos. Además, se ven aquí acontecimientos extraordinarios, sin precedentes, ejecutados por voluntad divina: las aguas del mar se han separado, una nube os ha mostrado el camino, ha brotado agua de la piedra y ha llovido maná; todo concurre a vuestro engrandecimiento. A vos os toca lo demás. Dios no quiere hacerlo todo para no quitarnos el libre albedrío ni la parte de gloria que nos corresponde.

No es asombroso que ninguno de los italianos a quien he citado haya podido hacer lo que es de esperar que haga vuestra ilustre casa, ni es extraño que después de tantas revoluciones y revueltas guerreras parezca extinguido el valor militar de nuestros compatriotas. Pero se debe a que la antigua organización militar no era buena y a que nadie ha sabido modificarla. Nada honra tanto a un hombre que se acaba de elevar al poder como las nuevas leyes y las nuevas instituciones ideadas por él, que si están bien cimentadas y llevan algo grande en sí mismas, lo hacen digno de respeto y admiración. E Italia no carece de arcilla modelable. Que si falta valor en los jefes, sóbrales a los soldados. Fijaos en los duelos y en las riñas, y advertid cuán superiores son los italianos en fuerza, destreza y astucia. Pero en las batallas, y por culpa exclusive de la debilidad de los jefes, su papel no es nada brillante; porque los capaces no son obedecidos; y todos se creen capaces, pero hasta ahora no hubo nadie que supiese imponerse por su valor y su fortuna, y que hiciese ceder a les demás. A esto hay que atribuir el que, en tantas guerras habidas durante los últimos veinte años, los ejércitos italianos siempre hayan fracasado, como lo demuestran Taro, Alejandría, Capua, Génova, Vailá, Bolonia y Mestri.

Si vuestra ilustre casa quiere emular a aquellos eminentes varones que libertaron a sus países, es preciso, ante todo, y como preparativo indispensable a toda empresa, que se rodee de armas propias; porque no puede haber soldados más fieles, sinceros y mejores que los de uno. Y si cada uno de ellos es bueno, todos juntos, cuando vean que quien los dirige, los honra y los trata paternalmente es un príncipe en persona, serán mejores. Es, pues, necesario organizar estas tropas para defenderse, con el valor italiano, de los extranjeros. Y aunque las infanterías suiza y española tienen fama de temibles, ambas adolecen de defectos, de manera que un tercer orden podría no sólo contenerlas, sino vencerlas. Porque los españoles no resisten a la caballería, y los suizos tienen miedo de la infantería que se muestra tan porfiada como ellos en la batalla. De aquí que se haya visto y volverá a verse que los españoles no pueden hacer frente a la caballería francesa, y que los suizos se desmoronan ante la infantería española. Y por más que de esto último no tengamos una prueba definitiva, podemos darnos una idea por lo sucedido en la batalla de Ravena, donde la infantería española dio la cara a los batallones alemanes, que siguen la misma táctica que los suizos; pues los españoles, ágiles de cuerpo, con la ayuda de sus broqueles habían penetrado por entre las picas de los alemanes y los acuchillaban sin riesgo y sin que éstos tuviesen defensa, y a no haber embestido la caballería, no hubiese quedado alemán con vida. Por lo tanto, conociendo los defectos de una y otra infantería, es posible crear una tercera que resista a la caballería y a la que no asusten los soldados de a pie, lo cual puede conseguirse con nuevas armas y nueva disposición de los combatientes. Y no ha de olvidarse que son estas cosas las que dan autoridad y gloria a un príncipe nuevo.

No se debe, pues, dejar pasar esta ocasión para que Italia, después de tanto tiempo, vea por fin a su redentor. No puedo expresar con cuánto amor, con cuánta sed de venganza, con cuanta obstinada fe, con cuanta ternura, con cuántas lágrimas, sería recibido en todas las provincias que han sufrido el aluvión de los extranjeros. ¿Qué puertas se le cerrarían? ¿Qué pueblos negaríanle obediencia? ¿Qué envidias se le opondrían? ¿Qué italiano le rehusaría su homenaje? A todos repugna esta dominación de los bárbaros. Abrace, pues, vuestra ilustre familia esta causa con el ardor y la esperanza con que se abrazan las causas justas, a, fin de que bajo su enseña la patria se ennoblezca y bajo sus auspicios se realice la aspiración de Petrarca:

Ch'antico valore Negl'itailici cuor non è ancor morto.*

* La virtud tomará las armas contra el atropello; el combate será breve, pues el antiguo valor en los corazones italianos aún no ha muerto.

A MODO DE CONCLUSIÓN.

La obra *el príncipe* se puede considerar, según su propósito inicial, como la *elegía digna de un príncipe indigno*, pues a quien al final se le dedicó el libro, Lorenzo II de Médicis, el joven, para diferenciarlo de su abuelo Lorenzo el "Magnífico", no fue merecedor de una obra de tanto calibre como lo determinó su corta y poco fructífera existencia; aunque sí pudiese conservar este apelativo por lo dañino de algunas de sus sentencias estudiadas de forma aisladas del contexto y la esencia del libro.

Todo hace indicar que a quien se dedicó el libro no lo leyó, o hizo caso omiso de su contenido, tampoco parece que lo hicieran los demás miembros relevantes de la familia Médicis que gobernaban, además de Florencia, Roma y la Iglesia con dos Papas casi consecutivos: León X y Clemente VII. Tampoco, por su silencio al respecto, su amigo Francesco Vettori lo valoró justamente, o quizás lo encontró demasiado crudo y peligroso para el momento, por lo que no hizo referencia del mismo aunque contaba con un ejemplar manuscrito que le envió Maquiavelo.

No se tienen pruebas concretas, o suficientes, de que *el príncipe* fuera bien acogido en los círculos florentinos de la época, o que circulara libremente por éstos. El propio Maquiavelo, pese a su sentido práctico de la realidad, no obtuvo beneficio alguno, ni nada de lo que se proponía en su momento con tan relevante obra, incluso en vida como retribución o logro con el libro, pero a decir verdad todo parece indicar que en su elaboración empleó poco más de tres meses.

La realización y presentación de su obra *"el príncipe"*, por Nicolás Maquiavelo, no rindió ninguno de los frutos que esperaba su autor, entre ellos: salir de su abrumador destierro y solucionar sus ingentes problemas materiales, así como volver de nuevo al mundo de la política. Muy por el contrario, ésta sufrió múltiples desaires, y muy pobre acogida, con un desenlace inesperado y desalentador, una vez presentada en los primeros meses de 1515, dos años después de haberla escrito, a Lorenzo II de Médicis. El caso omiso y menosprecio hecho por éste y en general por su familia a su trabajo, máxime que había estado colaborando con los mismos, de forma indirecta mediante la correspondencia que mantenía con su amigo Francesco Vettori durante el año anterior, dejó al genio de la política sumido en un profundo estado de enajenación y frustración, y puede que hasta de melancolía; además de herir su propia autoestima y susceptibilidad y dejarlo sumergido en una difícil situación material, para después pasar por la vergüenza de que en su ayuda tuviese que acudir su familia, prácticamente en pleno, como se ha podido constatar en documentos notariales florentinos fechados en los meses posteriores a aquel lamentable evento. En resumen, año aciago el de 1515, para el *hacedor de príncipes*.

El impacto del contenido de *el príncipe* vendría después de la muerte de Nicolás Maquiavelo, cuando en 1531-1532 se realiza la primera edición impresa y el libro comienza a circular libremente y con rapidez, por Italia y por el resto de Europa, aunque tampoco lograría los fines que perseguía el autor, que seguramente no hubiese deseado el verse convertido en chivo expiatorio de los descalabros y vicisitudes políticas que le siguieron, como fue el cisma de la iglesia católica, numerosos magnicidios y matanzas arbitrarias como la de la noche de San Bartolomeu en Francia, ordenada por Catalina de Médicis, y en definitiva todas las cosas buenas o malas que hacen los gobernantes en su lucha por alcanzar y mantener el poder, y que le pueden atribuir, o le atribuyen a los consejos y abundantes sentencias de la obra, sobre todo cuando no son buenas o resultan en un fracaso.

Y como las cosas malas se recuerdan mejor que las buenas, el apellido de Maquiavelo fue estigmatizado y su declinación, **maquiavélico** se tomó como el calificativo de todos los males, vicios, intrigas y traiciones, incluso la maldad y crueldad humana llevada a su máxima expresión, que sin embargo él no ejecutó en vida. Pero todo esto de manera pública, bajo una doble moral, porque en privado, de forma sutil y silenciosa, sus métodos, consejos y la experiencia recogida en su polémica obra, estará presente en las Revoluciones Inglesa, Norteamericana, Francesa y Rusa, entre otras. También se convirtió en el libro de consulta de la ex

Reina Cristina de Suecia, por consejos del filósofo francés René Descartes. Fue avalado por Juan Jacobo Rousseau, empleado con frecuencia por Napoleón Bonaparte, quien realizó numerosas anotaciones, que superan con mucho las ideas expuestas por el autor, y por último hay que destacar, que para bien o para mal, su lectura constituía la pasión del dictador italiano Benito Mussolini.

En la época actual muchos gobernantes y políticos, como el propio Henry Kissinger, ex Secretario de Estado Norteamericano durante el gobierno de Richard Nixon, no se esconden para avalar la obra y la vigencia del pensamiento político de Nicolás Maquiavelo, y generalmente los teóricos y estudiosos de las ciencias sociales también toman partido en su defensa ante sectores intelectuales conservadores, que aun se escandalizan con lo expuesto por Maquiavelo en *el príncipe*.

Mientras se mantiene la polémica, aun en nuestros días, sobre el contenido y la vigencia de *el príncipe,* éste es un libro que circula libremente por bibliotecas y librerías, es fácil acceder a él a través de la red, por lo que es probable que algunos emplean o aplican sus principios, si puede hablarse de principios en un libro para algunos sin principios, pero para otros lleno de todos ellos, aunque siempre, de una manera u otra, algún ejemplar es guardado o escondido celosamente bajo la almohada por alguien que niega u oculta su lectura.

ANEXO I

SELECCIÓN EPISTOLAR MAQUIAVELO-VETTORI.

1.-Carta Íntegra de Nicolás Maquiavelo a Francesco Vettori (Dic. De 1513).

Florencia, 10 de diciembre de 1513

Al magnífico embajador florentino ante el Sumo Pontífice y benefactor suyo Francesco Vettori. En Roma.

Magnífico embajador. Tardas nunca serán gracias divinas. Digo esto porque me parecía haber no perdido, sino extraviado vuestra gracia, pues habéis pasado mucho tiempo sin escribirme, y dudaba de dónde pudiera nacer la causa de ello. Y de todas las que me venían a la mente hacía poca cuenta, salvo de aquélla cuando dudaba no hubieseis dejado de escribirme porque os hubieran escrito que no era yo buen administrador de vuestras cartas; y yo sabía que, fuera de Felipe y Pablo, por cuenta mía nadie más las había visto. Me he recuperado con la vuestra del 23 del mes pasado, que me deja contentísimo por ver cuán ordenada y serenamente ejercéis ese cargo público, y yo os exhorto a continuar así, porque quien deja su comodidad por la de otros, pierde la suya y los demás no le agradecen nada. Y ya que la fortuna quiere hacerlo todo, se impone dejarla hacer, estarse quieto y no darle batalla, y esperar el tiempo en que deje a los hombres hacer algo; y entonces a vos tocará soportar mayores trabajos, y a mí salir de mi quinta y decir: heme aquí. No puedo por lo tanto, deseando devolveros gracias pares, deciros en esta carta otra cosa que lo que es mi vida, y si juzgáis que sea para trocarla por la vuestra, yo estaría contento del cambio.

Yo me estoy en la quinta, y desde que terminaron aquellos últimos casos míos no he estado, sumándolos todos, veinte días en Florencia. Primero me ocupaba en cazar tordos con mis propias manos. Me levantaba antes del día, armaba las trampas y salía con una sarta de jaulas a la espalda, que parecía el Geta cuando volvía del puerto cargado con todos los libros de Anfitrión; cazaba a lo menos dos, a lo más seis tordos. Así pase todo septiembre, después este entrenamiento, aunque extraño y despechado, cesó con disgusto mío, y os diré cuál es mi vida. Me levanto a la mañana con el sol y me voy a cierto bosque de mi propiedad que estoy haciendo cortar, donde me quedo dos horas revisando el trabajo del día anterior y pasando el rato con esos leñadores, que siempre traen algún pleito entre manos, entre ellos o con los vecinos. Sobre este bosque tendría para contaros mil cosas raras que me han ocurrido, con Frosino da Panzano y con otros que querían madera de ésa. Frosino en particular mandó por varias cargas sin decirme nada, y en el pago me quería retener diez liras, que dice que yo debía haberle pagado hace cuatro años, que me las ganó a la cricca en casa de Antonio Guicciardini. Yo me puse hecho el diablo, quería denunciar al carretero que había ido a buscarlas por ladrón, hasta que Juan Maquiavelo intervino y nos puso de acuerdo. Bautista Guicciardini, Felipe Ginori, Tomás del Bene y varios ciudadanos más, cuando soplaban aquellos vientos, pidieron una carga cada uno. Yo prometí a todos, y le mandé una a Tomás, la cual se vendió en Florencia por la mitad, porque en la venta intervinieron él, su mujer y su hijos, que parecían el Gaburra un jueves matando a palos a uno de sus bueyes con sus mozos. De suerte que, viendo para quién era la ganancia, dije a los demás que no tengo más leña, y todos se resintieron, en especial Bautista, que agregó ésta a la lista de las desgracias de Prato.

Abandonado el bosque, me voy a una fuente, y de ahí a un terreno donde tengo tendidas mis redes para pájaros. Llevo un libro conmigo, Dante o Petrarca o alguno de esos poetas menores, como Tibulo, Ovidio y otros: leo sus pasiones amorosas y sus amores, me acuerdo de los míos, y me deleito un buen rato en esos pensamientos. Me traslado después a la vera del camino de la hostería, hablo con los que pasan, les pido noticias de sus pueblos, oigo diversas cosas y noto diversas fantasías de los hombres. Llega en esto la hora de comer, en que con mi brigada me nutro con los manjares de esta pobre quinta y este parco patrimonio comportan. Después de comer regreso a la hostería: ahí está el hostero, y habitualmente un carnicero, un molinero, dos panaderos. Con estos me encanallo todo el día jugando cricca, trictrac y poi, de lo cual nacen mil conflictos e infinitos incidentes de palabras injuriosas, que las más de las veces se apuesta un cobre y sin embargo los gritos se oyen desde San Casiano. Así revuelto entre estos piojos saco el cerebro de moho, y desahogo la malignidad de esta suerte mía, y me alegro de que me pisotee de esta manera, para ver si no se avergüenza.

Cuando llega la noche, regreso a casa y entro en mi escritorio, y en el umbral me quito la ropa cotidiana, llena de fango y de mugre, me visto paños reales y curiales, y apropiadamente revestido entro en las antiguas cortes de los antiguos hombres donde, recibido por ellos amorosamente, me nutro de ese alimento que solo es el mío, y que yo nací para él: donde no me avergüenzo de hablar con ellos y preguntarles por la razón de sus acciones, y ellos por su humanidad me responden; y no siento por cuatro horas de tiempo molestia alguna, olvido todo afán, no temo a la pobreza, no me asusta la muerte: todo me transfiero a ellos. Y como dice Dante que no hay ciencia sin el retener lo que se ha entendido, he anotado todo aquello de que por la conversación con ellos he hecho capital, y he compuesto un opúsculo De Principatibus, donde profundizo todo lo que puedo en las meditaciones sobre este tema, disputando qué es principado, de cuáles especies son, cómo se adquieren, cómo se mantienen, por qué se pierden. Y si alguna vez os agradó alguno de mis garabatos, éste no debería desagradaros; y para un príncipe, y especialmente para un príncipe nuevo, debería resultar aceptable, por eso lo encamino hacia la magnificencia de Juliano. Felipe Casavecchia lo ha visto: podrá informaros en parte sobre la cosa en sí y sobre las conversaciones que he tenido con él, aunque todavía lo estoy aumentando y puliendo.

Desearías, magnífico embajador, que yo dejara esta vida y fuera a gozar con vos de la vuestra. Yo lo haré de cualquier modo, pero lo que me detiene ahora son algunos negocios míos que en seis semanas estarán terminados. Lo que me hace estar en duda es que están ahí los Soderini, y yo estaría obligado, si fuese allí, a visitarlos y hablarles. Y temo que a mi regreso no creyese desembarcar en casa y desembarcase en la cárcel, porque aun cuando este estado tiene grandísimo fundamento y gran seguridad, sin embargo es nuevo, y por eso suspicaz, y tampoco faltan los sabios que, por parecerse a Pablo Bertini, meterían a los demás en la cárcel y me dejarían la preocupación a mí. Os ruego que me resolváis este temor, y después en el tiempo dicho iré a visitaros de todos modos.

He hablado con Felipe sobre este opúsculo mío, si le parecía mejor dedicarlo o no dedicarlo, y si estaba bien dedicarlo, si sería mejor que yo lo llevase o que lo mandase. El no dedicarlo me hacía temer que Juliano no lo leyese siquiera, y que el tal Ardinghelli se adornase con este último esfuerzo mío. A dedicarlo me impulsaba la necesidad que me oprime, porque yo me consumo

215

inútil, y no puedo estar así mucho tiempo sin volverme por la pobreza despreciable, además del deseo que siento de que estos señores Médicis empiecen a emplearme, aunque empezaran por hacerme dar vuelta a una piedra; porque si después no me los gano me daría lástima a mí mismo; y por esta cosa, después de leerla, se vería que los quince años que dediqué al estudio del arte del Estado no los pasé durmiendo ni jugando; y a cualquiera debería resultarle agradable servirse de alguien que a expensas de otros estuviera lleno de experiencia. Y de mi lealtad no debería haber duda porque yo, que siempre he mantenido mi palabra, no voy a aprender ahora a romperla, y quien ha sido fiel y bueno por cuarenta y tres años, como yo tengo, no debe poder cambiar la naturaleza, y de lealtad y bondad mías da testimonio mi pobreza.

Desearía entonces que vos me escribierais todavía cuanto os parezca sobre este asunto, y a vos me encomiendo. Sed feliz.

Día 10 de diciembre de 1513.

2.-Francisco Vettori a Nicolás Maquiavelo, Roma, 16 de mayo de 1514.

Al distinguido señor Nicolás Maquiavelo:

De vuestras suposiciones. Apruebo alguna totalmente, alguna se aparta un poco de cómo yo me imagino las cosa. Apruebo la primera: que el rey de España, después de entrar en Italia, ha sido la causa de que ésta estuviera siempre en guerra, y que esto lo ha hecho porque pareciéndole que no tenía bien apuntalado el Reino de Nápoles, y al ver alguno más fuerte que él, ha temido por la propiedad de aquel estado y ha inspirado desconfianza en otros, con el fin de recabar partidarios para debilitar el que creía más potente. No me parece, sin embargo, que el sienta el mismo o mayor recelo respecto del Papa y los suizos, que el que él tenía respecto de Francia, porque los franceses eran poderosos en las armas, estaban allí siempre, tenían partidarios en el Reino: él se lo había usurpado con fraude y engaños, por lo que podría suponer que siempre buscarían recuperarlo, por más que el Papa estuviera en medio y no le conviniera que el reino de Nápoles y el Ducado de Milán estuviera en manos del mismo. Por entonces, se podía pensar que el Papa deseaba conquistar territorio para la Iglesia, y algunos indicios se vieron, y de ahí que fácilmente hubiera podido gestarse un acuerdo entre los franceses y el papa para ayudarle a tomar el Reino, y el odio que tenían los franceses contra los españoles era tal, que resultaba plausible que estos aceptasen. Ahora, en cambio, el Papa no puede expulsar a los españoles por si mismo, sino que tiene necesidad de los suizos, quienes piden mucho dinero, debe conducirlos desde una punta de Italia a la otra y, en consecuencia, los preparativos serán patentes, no tiene partidarios en el Reino; es un hombre inclinado a la tranquilidad, no tiene las armas consigo, sino que tiene que confiarse a otros, aunque disponga del Magnífico Giulliano, por el momento no es suficientemente experimentado, no tiene soldados propios, y estará obligado a asoldar tropas si son Colonna no le mantendrán nunca aquel estado, porque no es su voluntad; si son Orsíni, los Colonna que combatan por su propia facción, producirán tal resistencia, que le resultará imposible progresar. Por todo ello concluyo que España tenía más que temer del Rey de Francia cuando éste era señor de Milán, que en el momento presente del Papa y los suizos.

Estoy de acuerdo con vuestra opinión de que a España no le conviene la guerra transalpina entre Francia e Inglaterra, y que desea pararla por las razones mencionadas, las cuales me satisfacen. Creo también que querría que el estado de cosas en Italia mudase, en particular respecto a Milán y que le gustaría desposeer de su estado al actual Duque, que equivaldría a desposeer a los suizos sin dejar entrar a Francia. Y creo que el Rey de España no querría enemistarse con los suizos, ni querría la posesión con ayuda de Francia, porque temería lo que vos indicáis, que Francia volviéndose más pujante al conquistar aquel estado, luego lo retendrá para sí. Ni puede pensarse que ese estado vaya a parar a manos de la Iglesia o de los venecianos, ni que pueda creer que podrá tomarlo y mantenerlo por sí mismo: no porque le falte voluntad, sino que se le pondrían en contra los suizos, el Emperador y todas las poblaciones. Pero él cuenta con que el Rey dé a su hija a su nieto Fernando y le conceda los derechos de Milán por dote, y que este último se comprometa con suficientes ejércitos a ayudar a expulsar al actual Duque. Me parece que en esto el Emperador está de acuerdo, y creo que le saldrá bien. Cuenta además con que, cuando este acuerdo se descubra, el presente Duque se asustará, y que sus gobernadores, que dependen todos del Emperador, lo persuadirán para llegar a un acuerdo, de modo que él, sin iniciar la guerra, y sin que acudan las tropas francesas, podrán entregar las plazas fuertes al mencionado Fernando y las diferentes poblaciones aceptarán la presencia de sus tropas; y así, sin guerra, él pueda hacerse dueño de ese Estado. Y mucho tendrá ganado cuando lo adquiera el nieto, que tiene 10 años, porque él lo ha educado con hombres españoles, y piensa en tenerlo gobernado, en especial hasta que cumpla 20 años. Y creo que al igual que el actual Duque satisface a los suizos con dinero, él hará exactamente lo mismo. Y que este joven tendrá a favor suyo el partido güelfo, al tener los derechos del Rey de Francia y a su hija como esposa; y el partido gibelino, por ser nieto del Emperador. Y aunque sepa que el ánimo del Emperador está inclinado a la guerra y es inestable;

y sepa que, si gobernase Milán ambicionará también Nápoles, no creo que esto pueda pasar, porque piensa que él mismo quien gobierne a este pupilo; y habiéndose criado con él, parece lógico que tenga ministros españoles que, hasta que sea capaz de decidir por si mismo, lo mantengan de esta guía; ni temerá a los suizos, pues los convencerá con dinero. Además, ese estado tendrá a su favor a Francia, que está al lado, y a la parte de Alemania que posee el emperador. Ahora, compadre mío, si vos me preguntaseis si estas cosas de las que el Rey de España está persuadido son razonables, yo diría que no; en cualquier caso, como vos me escribíais hace un año, que me acuerdo, este Rey Católico,. A pesar de los grandes progresos, que ha hecho, yo lo considero más afortunado que sabio. Y para que se pueda ver esto mejor, examinemos un poco sus acciones públicas, dejando aparte las que ha hecho en España contra los moros, porque sobre esto no tengo información sólida hablemos pues de lo que vos y yo nos acordamos.

En 1594 para recuperar Perpiñán, llegó a un acuerdo con el rey Carlos, no tuvo cuidado con los parientes, no vio mermas en su honor porque la Casa de Aragón perdiera un Reino, no advirtió que fortaleciendo al rey de Francia con un estado tan grande como el Reino de Nápoles, era fácil que adquiriera tales bríos como para volver a arrebatarle Perpiñán, a más de otras cosas. Más tarde se dio cuenta del error que había cometido, y sin preocuparse de la palabra dada, cuando Francia hubo capturado Nápoles, se alió con el Emperador, con el

Papa, con Milán y Venecia; y no pensó en lo que podía suceder, a saber, que todos estos llegaran a un acuerdo entre sí y la guerra se volviese sólo cosa suya, como así sucedió, pero lo ayudó la fortuna, porque el Rey Carlos murió. Le sucedió el presente Rey, quiso venir a conquistar Milán, que era conquistar una parte del Reino; él no lo impidió, ni se resistió siquiera con palabras. Tomó, y fácilmente podía haber tomado Italia; él no se interesó por nada de esto; ni cuando el papa tiranizaba Roma, ni cuando el Valentino saqueaba Italia. Le vinieron ganas al rey de Francia de conquistar Nápoles, él llegó a un acuerdo para impedírselo, aunque podía pensar que, siendo los franceses tan fuertes en Italia, lo acabarían expulsando de la parte que le tocaba. El mal gobierno de los franceses y la prudencia de Gonzalo trajeron el resultado contrario; y con arte, engaños y promesas le hizo el Rey de Francia lo que este no supo hacerle a él. Lo dejó después de tomar Génova, y si en aquel momento hubiera querido seguir, hubiera conquistado el Reino e Italia entera. Se llegó al acuerdo de Cambrai, España aceptó, aunque era fácil de comprender que si Francia vencía, hacia su voluntad; y si los venecianos vencían, lo mismo: de manera que le perjudicaba tanto una cosa como la otra. Pero cuando venció Francia, en seguida le pareció verse en peligro, y sin razón porque se veían indicios de que el Rey de Francia no quería salirse de acuerdos. Por el contrario, continuó con ese pensamiento, infundiendo sospechas en el Papa, y ofreciéndose como instrumento suyo, y comenzó a ayudarlo con solo trescientas lanzas: no contentaba al Papa y se enemistaba al Rey de Francia. El Papa fue derrotado, y si el señor Gianiacopo hubiera seguido la estela de la victoria, Nápoles se hubiera perdido. De nuevo, llegó a un acuerdo con el Papa, y vino la derrota de Rávena, y entonces para el Reino no había solución: pero le fue favorable la fortuna y las discordias entre Sanseverino y Trivulzio. Mientras tanto, no contento con esto, con un comandante más inclinado a las intrigas que a la guerra, y estando él a mil millas de distancia, repuso al Virrey, quien ya había puesto en peligro a su ejército dos veces, y que, de ser derrotado, se seguía la pérdida de sus estados. La primera derrota, cuando llegó a Florencia y corrió un gran riesgo 8mientras tanto, tampoco le convenía aceptar en casa un cardenal dependiente del Papa); la otra este año, en Vicenza, cuando se puso en una situación de la que se salvó por la poca paciencia de Bartolomeo d' Alviano. pero el mismo año pasado, cuando hizo la tregua, ¿no puso de nuevo Italia n manos del Rey de Francia? Ni supo ser su amigo ni su enemigo. Así que, quien considere sus acciones lo considerará afortunado y que todos acaban con buen fin; pero que él sea prudente al iniciarlas , eso, nadie perspicaz lo admitiría.

Compadre mío, yo sé que este Rey y estos príncipes son hombres como vos y como yo, y sé que nosotros hacemos muchas cosas al azar, y de esas que son importantes para nosotros, y así también ha de pensarse que hagan ellos. Este Rey de España quiere mucho a su nieto, y le gustaría darle un estado en Italia, y la voluntad lo conduce de tal forma que no ve todos los peligros en los que se pone. Además, quien se ha acostumbrado a vencer nunca piensa en poder perder. Me acuerdo ahora de otro error suyo. Porque él hizo todo lo posible porque fuera elegido el Papa León, y así se lo hizo saber a sus agentes cuando supo que Julio II estaba enfermo; no advertía que hacía un Papa de los más nobles, con más poder y más repercusión en la corte, y que el Reino de Nápoles siempre había sido perseguido por los pontífices: tendría que haberse esforzado en que fuese elegido un Papa de su facción, pero débil. Y cuando lo ayudó a hacerse Papa, hizo la tregua con Francia, sin haberle dicho una palabra, lo que no equivalía a otra cosa que echar en saco roto el beneficio que acababa de hacerle. Y del mismo modo, quien examinase bien el asunto, encontraría otros errores que no se me ocurren ahora.

Y he de deciros que, tal y como yo veo las cosas, no me parece que a España le convenga hacer ese matrimonio. Primero, porque España no tiene en la mano aquel estado, sino que está en manos del actual Duque. Necesitará, por tanto, llegar a un acuerdo con Francia para que lo ayude a recuperarlo, porque por sí mismo no será capaz, habiéndose probado que los suizos lo han sabido defender contra un ejército mayor que el suyo. Tampoco puede esperar tal ayuda del Emperador que le permitiera entrar en posesión de aquel Estado, porque si éste no tiene tropas ni dinero para enfrentarse a los venecianos, batidos y arruinados, mucho menos tendrá para ayudar a otros. Si lo ayuda Francia, tendrá parte en el Estado, y se enseñoreará de él, y a no ser que, como vos decís, sea un babieca, lo retendrá para sí. Ni el Rey de Francia le resultará un problema lo que muchos dicen, esto es, que, como garantía, España querrá que le entregue a su hija, porque este sabe bien que a una niña de cinco años, no le harán otra cosa que honores y caricias; y así, se vengará del Rey de España con las mismas artes con las que él lo ofendió en otras ocasiones. Tampoco le conviene hacer pública esta noticia del proyecto de matrimonio que está amedrentando a toda Italia, porque aunque en ella no quedase un resto de virtud, no es tan débil en ejércitos y en dinero, que con la ayuda de seis mil suizos no pudiesen derrotar a este ejército español que de, de hecho, sólo cuenta con tres mil infantes y 600 lanzas. Y si se derrotase un ejército, sería fácil expulsarlo del Reino, ni él podría poner remedio a esto con el tiempo suficiente; y Francia que tiene las tropas bien ordenadas, se dedicaría a observar el juego y a reírse. Por lo demás, se ve que el Rey de España ha estimado siempre a este Virrey suyo, y por más errores que ha cometido, no lo ha castigado, sino que le ha concedido mayor poder y puede conjeturarse, como dicen muchos, que sea su hijo, y que tenga en mente hacerlo Rey de Nápoles. Si pone a aquel otro nieto en Milán, este plan se vendrá abajo, porque adquiriría la grandeza que le será fácil conquistar, no ya Nápoles donde habrá adquirido muchos derechos, sino todo el resto de Italia, no quiero entrar en si al Rey de Francia le conviene o no este matrimonio, porque me parece que se ha visto obligado a ello, porque lleva ya tantos gastos desde hace años y con tan mala suerte, que creo que no ve la hora de salirse de la guerra...

3.-Francisco Vettori a Nicolás Maquiavelo, Roma, 3 de diciembre de 1514.

Querido compadre mío: No os maravilléis si habéis sido spectatus satis, et donatus rude, quieran iterunte antiquoincluder ludo (Primero muy respetado, y ya licenciado, y que yo intente de nuevo incluirte en el antiguo torneo); porque no lo hago más que para probar si os pudiese ser de alguna utilidad. Me podríais aducir que tengo para voz muchas palabras, que no se han correspondido con hechos; para lo que tengo fácil excusa, puesto que si no he sabido sacar provecho para mí mismo, no os podéis sorprender de que no lo haya obtenido para vos, y creo que estaréis persuadido de que buena voluntad no ha faltado.

Me gustaría que ahora me respondieras a lo que os pregunte; pero antes, os hago presuponer...que el papa desea mantener a la Iglesia en la dignidad espiritual y temporal que la encontró, y en la misma jurisdicción o más bien acrecentarla. Doy por supuesto después esto otro: que el Rey de Francia quiere hacer todo lo posible para recuperar el Estado de Milán, y que los venecianos se han aliado con él de la misma manera que el año pasado. Presupongo que el Emperador, el católico y los suizos están unidos para impedirlo. Os demando entonces qué debe hacer el Papa, según vuestra opinión: en caso de aliarse con el Rey de Francia, qué puede esperar de él, si vence, que puede temer, si pierde; qué puede temer de los adversarios, si se une a él; si se alía con los otros qué puede temer de Francia en caso de vencer, y qué puede esperar o temer de los adversarios de Francia, si ganan; si se mantiene neutral, qué ha de temer de Francia si vence, o de los otros si son ellos los que vencen. Y si no os parece mal aún, en caso de estar con el Emperador y el Católico, en qué medida les convendrá a estos engañarlo y llegar a un acuerdo con Francia; y, por último, si juzgáis que, en caso de que los venecianos abandonen a Francia y lleguen a un acuerdo con los demás, al papa le convendrá unirse a ellos, para impedir que Francia entre en Italia.

Sé de cierto que mi pregunta es difícil, y que yo la he explicado con más confusión que otra cosa. Vos, con vuestra prudencia, talento y experiencia, entenderéis lo que he querido decir mejor de lo que yo lo he escrito. Y me gustaría que me expusieseis de tal manera esta materia, como si vuestro escrito lo fuera a ver el Papa; y no penséis que me voy a atribuir los honores, porque os prometo, que cuando lo juzgue oportuno, la mostraré como vuestra. Ni nunca me ha tentado aprovecharme del mérito de alguna cosa ajena, y mucho menos de vos, a quien amo como a mí mismo. Debéis también tener en cuenta lo que decía antes, que la tregua entre Francia y España termina a principios de abril, y que conjeturarse, aunque de eso no hay certeza, que al Rey de Inglaterra no le gustará que el Rey de Francia se haga fuerte en Italia, aunque se haya emparentado con él y haya firmado la paz. Examinad todo; sabiendo de vuestro talento, aunque hayan pasado dos años desde que cerrasteis el negocio, no creo que hayas olvidado el oficio.

Encomendadme a Donato, y decidle que el caballero de Vespucci a menudo me ha recomendado su asunto, y que yo pienso intentarlo otra vez, y que si no lo consigo, me disculpe. Cristo os guarde. Responded cuanto antes mejor.

Franciscus Victurius, Embajador en Roma.

4.-Nicolás Maquiavelo a Francesco Vettori, Florencia, 13-14 de diciembre de 1514.

Vos me preguntáis qué partido debiera tomar la Santidad de Nuestro señor, queriendo mantener a la Iglesia con la grandeza que la encontró, en caso de que Francia, con la alianza con Inglaterra y con los venecianos, quisiera recuperar de algún modo el estado de Milán, y, del otro lado los suizos, España y el Emperador se uniesen para defenderlos. Ésta es, en efecto, la cuestión más importante que vos planteáis: y, puesto que todas las demás dependen de aquella, habrá que aclararlas para que ésta se aclare bien. Yo creo que desde hace veinte años no sucedía un problema tan grave, ni conozco circunstancia alguna del pasado tan difícil de entender, tan delicada de enjuiciar, y tan arriesgada en su resolución y seguimiento. Sin embargo, obligado por vos, entraré en esta materia y discurriré sobre ella, si no con suficiencia, al menos si con honradez.

Cuando un príncipe quiere saber qué suerte tendrán dos que combaten entre sí, es necesario que antes mida las fuerzas y la virtud de ambos. Las fuerzas del lado de Francia y de Inglaterra, se cifran en esos preparativos que, según se dice, esos reyes hacen para esta conquista: un ataque con 20 mil hombres a los suizos en Borgoña, un asalto a Milán con un número todavía mayor, con aún más tropas, el asalto de Navarra para alborotar y conmover los estados de España; disponer una gran armada para asaltar Génova o Nápoles, o cualquier otro lugar que consideren oportuno. Estos preparativos son factibles para estos dos reyes, y necesarios si quieren vencer, por eso, presupongo que son ciertos. Y aunque vuestra última pregunta sí se podía pensar en que Inglaterra se apartase de Francia por no gustarle su poder en Italia, quiero razonar sobre esto ahora, puesto que si tal separación sucediese la cuestión quedaría resuelta. Me parece que la razón por la cual Inglaterra llegó a un acuerdo con Francia fue vengarse de España por las injurias recibidas en la guerra contra Francia; esa animadversión surgió razonablemente y no veo nada que pueda suprimirla, ni que pueda romper los lazos contraídos entre esos dos reyes. Ni me parece cambiar de parecer, como les sucede a muchos, la antigua enemistad entre ingleses y franceses. Porque los pueblos quieren lo que quieren sus reyes, no los reyes lo que sus pueblos. En cuanto a poner freno a la potencia de Francia en Italia, esto debiera nacer necesariamente o por envidia o por temor. La envidia podría surgir si el rey de Inglaterra no ganara honor alguno, y tuviera que mantenerse inactivo; pero pudiendo también él alcanzar la gloria en España, se suprime la causa de la envidia. En cuanto al temor, debéis tener en cuenta que muchas veces se aumenta el estado pero no la fuerza; y si consideráis bien el caso, veréis que el Rey de Francia, conquistando dominios en Italia, respecto de Inglaterra, está agrandando el estado pero no sus fuerzas: porque sus fuerzas para atacar aquella isla serán las mismas con o sin territorios en Italia. Y en cuanto a las divergencias por conquistar

Milán, Francia tiene más que temer, porque adquiere un Estado inseguro y no puede impedir que se pague a los suizos para que lo asalten (los cuales al verse ofendidos por él, se convertirán en verdaderos enemigos...). Y, por las razones aducidas, como puede que, conquistando Francia el Ducado de Milán, Inglaterra altere el Estado de Castilla, esta última puede hacer más daño a Francia que aquella con su conquista de Milán. Por ende, no veo por qué Inglaterra deba, en este primer momento de la guerra, separarse de Francia y por ello admito como algo posible y necesario los preparativos y la unión de las fuerzas mencionadas. Nos quedan los venecianos, que tienen una importancia, respecto de estos dos reyes, equivalente a las que tienen las fuerzas de Milán respecto del otro bando; fuerzas que juzgo escasas y débiles, y que pueden ser frenadas con la mitad de las fuerzas que se encuentran en Lombardía. Considerando ahora a los defensores de Milán, veo a los suizos capaces de disponer dos ejércitos a la vez, uno para combatir a las tropas francesas que marchen hacia Borgoña, y otra contra las que vayan hacia Italia; porque si este asunto hace que se unan todos los suizos, y que a los cantones se sumen los grisones y los valdenses, pueden reunir a más de 20 mil hombres en cada frente. En cuanto al Emperador, nunca me han quedado claras sus acciones, ni quiero especular sobre lo que podría disponer ahora. Pero sumando a España, el Emperador, Milán y Génova, no creo que puedan superar los 15 mil soldados, sin que a España le sea posible, al esperar la guerra en casa, suministrar nuevas fuerzas. En cuanto al mar, si no les falta dinero, creo que entre genoveses y España podrán formar una armada que contraste hasta cierto punto a la adversaria. Me parece, pues, que éstas son las fuerzas de los dos bandos en juego. Y queriéndose indagar hacía qué lado puede inclinarse la victoria, digo que estos dos reyes, al tener mucho dinero, pueden mantener durante mucho tiempo sus ejércitos; los otros como andan escasos, no podrán, de manera que, teniendo en cuenta las armas, el orden y el dinero de uno y otro bando, creo que si se llega rápido a la batalla campal, la victoria será de parte de Italia, si la guerra se prolonga estará del otro lado, por no ser a propósito para este razonamiento. Teniendo en cuenta todo lo anterior, creo que el bando de aquí tiene una única esperanza, la de entablar pronto una batalla decisiva, y aún en esta podrían salir derrotados. Por el bando de Francia hallo que pueden vencer también en una batalla decisiva, y si la guerra se prolonga, que no pueden perder. Y, para el bando de aquí, observo además dos peligros evidentes en el curso de la guerra: uno, que si los franceses con su armada, o por la fuerza, o por acuerdo, se internan en Toscana y Génova, en cuanto lleguen, toda la región de Lombardía los apoyará, y muchos otros por temor o descontento, correrán a ponerse a sus servicios, de suerte que los franceses, hallando este recibimiento, podrán hostigar y desgastar a los suizos a voluntad. El otro peligro viene de aquellos cantones que confinan con Borgoña y que tendrán que cargar con todo el peso de la guerra que tenga lugar de aquella parte; porque, si ven que dura demasiado, pueden forzar a los demás a buscar un acuerdo con Francia, temo esto especialmente por el ejemplo del duque Carlos, que guerreando y hostigándolos en aquella región, los desgastó hasta tal punto que le ofrecieron la rendición; y los hubiera subyugado completamente si hubiera sabido evitar la batalla campal. Hay también quien espera o teme que los suizos, por su poca fidelidad, puedan echarse para atrás, llegar a un acuerdo con el Rey y dejar a los demás a merced del bando contrario, yo esto no lo creo, porque los suizos combaten ahora por su propia ambición; y si no acaece alguna de las vicisitudes antes indicadas, creo que serán fieles en la guerra.

Si por tanto, su Santidad el Papa se ve obligado a tomar partido, y se inclina por los de aquí, yo veo la victoria incierta por las razones anteriores y porque su adhesión no garantiza demasiado (puesto que, quita tranquilidad y reputación a Francia, no puede ofrecer tropas a los otros que basten para resistir a los franceses). Porque teniendo el Rey una gran armada en el mar, y pudiendo también los venecianos preparar alguna flota, el papa tendría que proteger tanto sus costas, por uno y otro lado, que sus tropas junto con las florentinas apenas bastarán para esto. Puede admitirse también que su santidad evita un peligro inminente, si aquellos quieren ponerla a prueba, y que haya también alguna utilidad inmediata, pudiendo en el presente sacar provecho para los suyos. Si su santidad toma el partido de Francia, y lo hace con cautela de manera que pueda esperar (el momento oportuno) para declararlo sin peligro, yo juzgo que la victoria es segura: porque, al acumular con su armada muchas tropas en la Toscana (sumándose a las tropas que puedan reunir los venecianos), provocaría inmediatamente un gran tumulto en Lombardía; y se seguiría que los suizos y los españoles no podrían resistir a dos ejércitos por dos sitios diferentes, ni podrían tampoco frenar el alzamiento de los pueblos, que sería instantáneo: de manera que no veo quien podría con esto evitar la victoria del Rey de Francia.

Deseáis también saber qué amistad sería menos gravosa para el papa, la de Francia o la de los suizos, sí ambos vencieron con su ayuda. Os respondo que los suizos y sus aliados vencedores mantendrían la palabra y los estados prometidos en su momento al papa; pero de otra parte, tendría que soportar las molestias producidas por el vencedor. Y porque yo creo que los verdaderos vencedores serían los suizo, tendría que soportar sus insolencias, que serían al punto de dos clases, una, sacarle dinero; la otra, quitarle amigos. Porque el dinero que no quieren los suizos en estos principios de la guerra, podéis estar seguros que lo exigirán a toda costa cuando finalice; y empezarán con una petición de dinero que será importante y que, pareciendo justa (y por no querer irritarlos con su victoria aún tan reciente), no se les podrá negar. Creo, más aún, estoy seguro de que el Duque de Ferrara, los luqueses y otros como éstos, correrán a pedir su protección. Y cuando se apoderen de uno actun erit de libértate Italia, (la libertad de Italia

234

habrá acabado), *puesto que con mil excusas cada día, exigirán y depredarán, y variarán gobiernos, y lo que juzgan que no pueden hacer ahora, esperan hacerlo en su momento. Ni confíe nadie en que estén pensando en hacer esto, porque necesariamente lo piensan, y aunque no lo piensen, se lo hará pensar el orden de las cosas, que hace que una conquista, una victoria, lleve consigo la sed de otras nuevas. Ni debe sorprenderse nadie de que no hayan conquistado Milán abiertamente y ni de que, pudiendo no hayan ido más lejos: porque su forma de gobernar es diferente a la de los demás tanto de puertas para adentro como para afuera y concuerda con lo que se lee en todas las historias de los antiguos: porque si hasta ahora ellos han hecho compañeros, en el futuro harán subordinados y censatarios; y no se preocuparán de gobernarlos, ni de controlarlos especialmente; les bastará con que les apoyen en las guerras y con que le paguen el tributo anual. Algo que podrá mantenerse con el prestigio de las propias armas, y con el castigo de quien se salga de lo estipulado. Por esta vía, y muy pronto si ganan la guerra, dictarán las órdenes a vos, al papa y a cualquier príncipe italiano. Y cuando veáis que toman un protegido, sciatis quia prope est aestas (sabed que el verano está próximo). Y si vos dijeráis, "para esto hay remedio, porque todos nos uniríamos contra ellos", os digo que esto sería un segundo error y un segundo engaño: porque es difícil conseguir la unión de muchos dirigentes contra uno sólo y, una vez conseguida, es difícil mantenerla. os cito, por ejemplo, el caso de Francia, contra todos se habían*

235

conjurado, sin embargo, rápidamente España llegó a una tregua con ella, los venecianos se volvieron amigos, los suizos la asaltaron tímidamente, el Emperador apenas dio señales de vida e Inglaterra, en fin, estrechó lazos con ella. Y es que si aquel contra quien están los conjurados tiene la virtud suficiente para no convertirse en huma al primer envite, como les pasó a los venecianos, siempre hallará remedio en la diversidad de pareceres, como le ha sucedido a Francia, y como habría sucedido con los venecianos si hubieran podido sostener la guerra un par de meses; pero su debilidad no les permitió esperar a la desunión de los aliados. Algo que no les sucederá a los suizos, que siempre encontrarán, o a Francia, o con el Emperador, o con España, o con los dirigentes de Italia, la forma de no dejar que todos se unan o, o si se unen, de separarlos. sé que muchos se burlarán de esta idea, pero yo temo tanto a esto, y estoy tan seguro de ello, que si los suizos logran resistir esta riada y nosotros vivimos seis años más, espero poder recordároslo.

Si queréis saber lo que creo que el papa debe temer de los suizos, teniéndolos por aliados, concluyo que puede temer tributos inmediatos y, en poco tiempo, su servidumbre y la de toda Italia, sine spe relamptionis (sin esperanza de redención*), tratándose de una república bien armada, que no tiene parangón con ningún otro príncipe o potencia. Pero sí su santidad se aliase a Francia y venciera, creo igualmente que respetaría los acuerdos (siempre que estos fueran comedidos y que las*

236

ganas de llegar a un acuerdo no hubiesen hecho al papa pedir mucho, y al Rey conceder demasiado), y creo que no quitaría nada a la Iglesia, sino a los florentinos, porque le convendría respetarla, teniendo en cuenta sus relaciones con Inglaterra, y que los suizos no se quedarían quietos, y contando además con España, de la que, aunque fuese expulsada de Nápoles, teniendo aún fuerzas, tendría que cuidarse. Por ello, parece razonable que, que quisiera tener a la Iglesia de su parte, aliada y con reputación, y lo mismo a los venecianos. En definitiva, de cualquier lado que caiga la victoria, veo que la iglesia está a discreción de los demás, por eso pienso que es mejor estar a discreción de quienes son más razonables y que ya se conocen por situaciones pasadas, y no estar a merced de aquellos que no conociéndose bien, yo no sabría enjuiciar que quieren hacer.

Si el bando al que se adhiere la Santidad de Nuestro Señor perdiera, yo temería que la extrema necesidad me obligara a la fuga, al concilio, o a cualquier otra cosa de las que puede temer un Papa, por eso, cuando uno está obligado a tomar uno de los dos partidos, se debe, entre las demás cosas, adonde te puede conducir la mala fortuna de ambos, y tomar aquel partido qué (siendo equivalente todo lo demás), si es derrotado, te depare un fin menos riguroso. Sin duda la derrota con Francia como amiga sería menos rigurosa que con los otros aliado: porque, si su Santidad tiene a Francia al lado y pierde, siempre estará el estado de Francia, que puede mantener honorablemente a un pontífice, y le queda una fortuna que, considerando la potencia de ese Reino, puede resurgir de mil maneras; le resta también su propia casa, donde muchos papas han tenido su sede. Y si pierde junto a los otros, o se ve obligado a ir a Suiza a pasar penurias, o a Alemania a ser objeto de burla, o a España a ser expoliado: de tal manera que no hay comparación del mal que le depararía la mala fortuna de un lado a otro.

Permanecer neutral me parece que nunca le fue útil a nadie, cuando se cumplen las siguientes condiciones: ser menos poderoso que cualquiera de los que combaten, y tener sus estados mezclados con los de quienes combaten. Y debéis considerar primero que no hay nada más necesario para un príncipe, que gobernarse con sus súbditos y los amigos o vecinos, de modo que no se haga odioso o despreciable. Y si debe descartar una de estas dos cosas, puede despreocuparse del odio, pero debe guardarse del desprecio. Julio II no se preocupó nunca de que lo odiasen, a condición de ser temido y respetado: y mediante ese temor, puso el mundo de revés y condujo a la Iglesia a su estado actual. Yo juzgo que quien permanece neutral necesariamente será odiado por quien pierde, y despreciado por el vencedor: y en cuanto a uno empiezan a no tenerle en cuenta, y lo consideran un amigo inútil y débil, puede temer que recibirá todo tipo de injuria y que se planeará contra él toda ruina; y nunca le faltarán al vencedor los modos de justificarse, porque, teniendo sus estados mezclados, (el que permanece

238

neutral) se verá obligado (durante la guerra) a recibir en sus puertas ahora a uno, ahora al otro; tendrá que proporcionarles alojamiento en casa, suministros; y, en fin, siempre pensarán que han sido engañados, y sucederán innumerables casos con sus respectivas disputas. Y aunque en el curso de la guerra no se originase ningún problema, lo que es imposible, nacerán tras la victoria: porque los menos potentes que puedan temerte se pondrán enseguida bajo el mando del vencedor, y le brindarán la ocasión de ofenderte. Y si alguien dijera: "Esto es verdad, algo perderemos, pero algo conservaremos", le respondo que es mejor perder todo con virtud que una parte con vituperio, y que no se puede perder una parte sin que tiemble todo. Por consiguiente, si se consideran todos los estados de la Santidad de Nuestro Señor, dónde están situados, que potentados menores tienen intereses en ellos y quienes son los que combaten, su Santidad juzgará que está entre los que en modo alguno pueden mantenerse neutrales, y que, adoptando semejante partido, se haría enemigo del ganador y del perdedor, y que ambos estarán deseando dañarle: uno por venganza; el otro por provecho,

Vos me preguntáis además, en caso de que el Papa llegase a un acuerdo con los suizos, el Emperador y el Rey de España, les convendría a estos dos últimos engañarlo y aliarse con Francia. Yo creo que el acuerdo entre España y Francia es imposible y que no se puede hacer sin el consentimiento de Inglaterra. Y que, a su vez, Inglaterra no puede hacerlo sin tener en contra a

Francia, y que por todo ello, Francia no puede tener esto en mente: porque el Rey de Inglaterra es joven y, estando ávido de gloria militar, no tiene contra quién dirigir sus armas, excepto contra Francia o contra España: y así como la paz con Francia llevará la guerra a España, una paz con España la llevaría a Francia. Por eso, el Rey de Francia, para no perder a Inglaterra como aliada, y para no cargar con esa guerra, y por tener mil razones para odiar al Rey de España, no prestará oídos a una paz que si Francia hubiera querido o podido hacer, ya estaría hecha; porque no le habrán faltado propuestas contra terceros por parte del Rey español. de manera que, por lo que se refiere a España, yo creo que el Papa podría razonablemente temer de todo; mientras que, por lo que de lo que dependa de Francia, me parece que puede estar seguro. En cuanto al Emperador por ser varío e inestable, puede uno esperar cualquier cambio, le convenga o no, porque ha vivido y se ha nutrido con estas variaciones. Si los venecianos se aliasen con esta parte, sería de gran importancia, no tanto por el poder de sus fuerzas, cuanto porque este bando sería más compacto al oponerse a Francia, y si a ella se uniese también el Papa, los franceses encontrarían innumerables dificultades para adentrarse y establecerse en Italia. Pero no me parece que los venecianos vayan a tomar este partido, porque creo que habrán conseguido un acuerdo más beneficioso con Francia, que no el que obtendrían con los otros, y habiendo estado del lado de Francia, cuando esta estaba casi muerta, no me parece razonable que la abandonen ahora que está a punto de renacer, y me temo que no son más que palabras que ellos difunden, como suelen para sacar alguna ventaja.

Concluyo, pues, para llegar al final de esta exposición, que hay más indicios de victoria por la parte francesa que por la contraria; que el Papa con su adhesión, daría una victoria a Francia, pero no a los otros; que Francia sería menos potente y más soportable que como amiga y vencedora que los otros; que la derrota sería menos dura con Francia como aliada que con los otros; que no puede mantenerse neutral con seguridad. Por consiguiente, la Santidad de Nuestro Señor debe aliarse con Francia, o bien con los otros, si también se aliasen los venecianos, y solo en este caso. (Enemigo del que pierde y amigo del que vence de uno, por venganza, del otro por provecho).

5.-Nicolás Maquiavelo a Francesco Vettori,
Florencia, 20 de diciembre de 1514.

*Al magnífico Francesco Vettori, Embajador florentino
ante el Sumo Pontífice. En Roma.*

*Magnífico Embajador: Vos me habéis puesto en un
estado de gran agitación, por lo que si os canso
escribiéndoos, decid: la culpa es mía, que se lo dije. Yo
me temo que en la respuesta a vuestras preguntas os
haya parecido que paso demasiado ligeramente por el
asunto de la neutralidad; y también aquella parte donde
yo discurría sobre qué debía temerse del que venciera, si
se hubiera aliado con la parte derrotada. Porque en uno
y otro caso parecía que debían considerarse muchos
detalles. Por ello, me dispongo a escribiros de nuevo
sobre la misma materia. Y, por cuanto respecta a la
neutralidad, opción que me parecen que muchos
aprueban, a mi no me agrada, porque no recuerdo, ni en
las cosas que he visto, ni en las que he leído, que nunca
fuese de provecho; más bien, ha sido siempre muy
perniciosa, porque hay pérdida cierta ; y aunque las
razones vos las sabéis mejor que yo, con todo quiero
recordároslas.*

*Vos sabéis que la tarea principal de todo príncipe es
guardarse de ser odiado o despreciado, huir, en efecto,
contemptun ey odium: siempre que esto se haga bien,
todo lo demás irá bien. Y esto es necesario cuidarlo tanto*

*como con los aliados como con los súbditos, y en cualquier momento que un príncipe non fugit saltem contemptun (*no evite al menos el desprecio*), está desahuciado.*

*Me parece que mantenerse neutral entre dos que combaten, no es otra cosa que buscar el odio y el desprecio, porque siempre habrá uno de ellos que estimará que tú, por los beneficios recibidos, o por la antigua amistad, estás obligado a compartir su suerte y, si no te pones de su lado, empezará a odiarte. El otro te desprecia, porque descubre que eres tibio y poco decidido, y enseguida te acompañará la fama de amigo inútil y de enemigo poco temible; de manera que cualquiera que venza te dañará sin miramientos. Y Tito Livio, en dos palabras puestas en boca de Tito Flanminio, expresa esto mismo, cuando dice a los aqueos, a los que Antioco había persuadido de mantenerse neutrales: Nichil magis alienum rebús vestris est; sine dignitate Premium victoris eritis (*Nada más alejado de vuestros intereses. sin miramientos, sin dignidad, seréis el trofeo del vencedor*). Además, en el curso de la guerra entre aquellos dos, nacerán innumerables razones de odio contra ti; porque casi siempre el neutral está en una posición que puede de muchas formas favorecer o desfavorecer ora a uno, ora al otro. y siempre, al poco que empiece la guerra, esa alianza que no has querido proclamar abiertamente y mereciendo gratitud, la tendrás que hacer en secreto y sin agradecimientos; y si no la haces, ambos creerán que* *la has hecho. Y si la fortuna fuese tan propicia favor del neutral que no se diese nunca un motivo razonable de odio con los contendientes, es obligado que nazcan después, una vez acabada la guerra, porque todos los ofendidos por el neutral, y todos los que lo temen, poniéndose a disposición del vencedor, le ofrecerán razones para el odio y la disputa. Y si alguien adujese que el Papa, por la reverencia que merece su persona, y por la autoridad de la Iglesia, está en otro grado y que encontrará siempre una razón donde protegerse, respondo que esto merece cierta consideración y que contiene algún fundamento: sin embargo, no puede confiarse, es más, si lo medita bien, no debe ni pensar en ello, si no quiere que esta esperanza lo lleve a adoptar la decisión equivocada. Porque yo creo que todo lo que ha sucedido en el pasado puede darse de nuevo; y yo recuerdo que se han visto pontífices huyendo, exiliados, perseguidos, extrema pati, como los señores temporales y en tiempo en que la Iglesia tenía una autoridad en lo espiritual que ya no tiene, por tanto, si la Santidad de Nuestro Señor piensa en dónde tiene sus estados, quiénes son los que combaten entre ellos, quiénes pueden ponerse a disposición del vencedor, yo creo que no podrá en absoluto mantenerse neutral, y qué pensará que en cualquier caso le conviene más aliarse . Y en cuanto a lo que pueda temer de quien venza y derrote al bando con el que él se ha aliado, no diré nada más, porque arriba está todo dicho.*

Creo que por la carta que os escribí, os parecerá que

me decanto por Francia, y quien la lea quizá pueda pensar que me dejo llevar por mis afectos; lo cual me disgustaría, porque yo siempre intenté mantener firme mi juicio, y en especial en estas materias, y no dejarlo corromperse por una vana obstinación, como muchos otros hacen. y porque yo me decanto bastante, en efecto por Francia, y creo que no me equivoco, quiero razonaros brevemente los motivos que me inducen a esto, que será casi un epílogo de lo que ya escribí. cuando dos potencias contienden entre sí, para enjuiciar quién se alzará con la victoria, es necesario, aparte de medir las fuerzas con las que ambos cuentan, pensar por qué vías pueden acceder a la victoria uno y a otro. Yo creo que para el bando de aquí solo cabe la posibilidad de entablar rápidamente una batalla decisiva, y que para Francia existen bien otras posibilidades, como ya os expuse extensamente. Esta es la primera razón que me hace confiar más en Francia que en aquéllos. Además, si yo debo aliarme con uno de los dos, entiendo que aliándome a uno le doy una victoria cierta, y si al otro, una victoria dudosa, creo que me decantaría siempre por la victoria cierta, posponiendo todo otro compromiso, toda deuda, todo interés, todo temor y cualquier otra cosa que supusiese un problema. Y me parece que, aliándose el papa a Francia, no habrá más de qué preocuparse; adhiriéndose a los otros, por las razones que ya aduje habría bastante. Al margen de esto, todos los hombres sabios, cuando pueden permitirse no jugarse todo lo que tienen en una mano, lo eligen de buen grado; y, pensando en lo peor que puede pasar, piensan en el mal menos malo; y, puesto que todo lo que depende de la fortuna es incierto, se inclinan conformes a hacia la suerte del partido que, si ocurre lo peor, les reserva un final menos severo. Tiene la santidad de Nuestro Señor dos casas, una en Italia, la otra en Francia. Si se alía con una; si con los otros, se juega las dos. si tiene por enemigo a Francia y ésta vence, estará obligado a irse a Suiza a pasar penurias, o a Alemania a vivir en la desesperación, o a España a ser expoliado y traicionado. Si se alía a Francia y pierde, le queda Francia, que es su casa, y con un reino devoto que vale un papado, y con un príncipe que, por pactos o por guerra, puede rehacerse de mil maneras. Salud, y me encomiendo mil veces a vos. A día 20 de diciembre de 1514.

Nico

lás Maquiavelo, en Florencia

ANEXO II. AFORISMOS EXTRAÍDOS DE LA OBRA "EL PRÍNCIPE" DE NICOLÁS MAQUIAVELO.

PREAMBULO.

Aunque en un inicio pensamos seleccionar todos los aforismos de la obra de Nicolás Maquiavelo, los extraídos por nosotros y los publicados por otros autores, nos decantamos al final por exponer solamente, y son bastantes, los correspondientes a su obra más polémica; *el príncipe*, que como podrán notar son suficientes para hacernos una idea básica y condensada de la forma de pensar del creador de la política moderna y que correspondiera exactamente a lo escrito por él en el libro de referencia.

Todo lo anterior fue motivado por varias razones, una de ellas es que el contenido de otros libros de Maquiavelo como *Discursos sobre la primera década de Tito Livio* es en esencia de una naturaleza distinta a las de *el príncipe* y quizás algunas ideas pudiesen entrar en contradicciones que necesitaran aclaraciones suplementarias, lo cual está lejos de cualquier norma a la hora de seleccionar aforismos.

Un elemento básico por el cual era recomendable no acudir a planteamientos o resúmenes anteriormente publicados, o que circulan por la red, es que se le atribuyen al autor expresiones que él personalmente no escribió y que surgen de la propia interpretación que cada cual pueda dar a la lectura de sus obras. Uno de éstos es el ejemplo siguiente, que se le achaca al autor recogido en la siguiente frase: *El fin justifica los medios,* cuando en realidad esto surge, no como frase original del destacado político, sino como una interpretación de los consejos o sentencias recogidos en *el príncipe*

Otro aspecto a tener en cuenta es la gran cantidad de aforismos que se pueden extraer de sus obras, lo cual nos llevaría a una selección o resumen que dejaría sin plasmar algunas de sus ideas básicas o que ajustáramos los mismos a un mínimo de palabras, con lo cual podríamos desvirtuar la esencia de alguno de ellos. Por esta razón es que notarán, que algunos pueden tener una extensión algo mayor de lo habitual, lo cual no debe constituir un problema por cuanto *el príncipe* de por sí es un texto extremadamente condensado, no un extenso manual doctrinario.

Lo anterior posibilita además, que los lectores puedan, si así lo desean, seleccionar los aforismos más convenientes o acortarlos según su propio uso, gusto o necesidad, pero que cuenten con una cantidad suficiente que les permita extraer sus propias conclusiones sobre el contenido de la obra, sobre todo sobre los aspectos más polémicos con el que se pueda o no estar de acuerdo o mostrar censura.

Sin más dilación, los dejamos con los aforismos de *el príncipe* tal y como se pueden extraer de la obra original del autor y en la misma secuencia en que transcurre su lectura.

AFORISMOS DE "EL PRÍNCIPE

...para conocer bien la naturaleza de los pueblos hay que ser príncipe, y para conocer la de los príncipes hay que pertenecer al pueblo.

Se conoce mucho mejor el fondo de los valles cuando se está en la cumbre de la montaña.

Todos los Estados, todas las dominaciones que han ejercido y ejercen soberanía sobre los hombres, han sido y son repúblicas o principados.

Los dominios ... se adquieren por las armas propias o por las ajenas, por la suerte o por la virtud.

...es más fácil conservar un Estado hereditario, acostumbrado a una dinastía, que uno nuevo.

...si el príncipe es de mediana inteligencia, se mantendrá siempre en su Estado.

...el príncipe natural tiene menos razones y menor necesidad de ofender

Y en la antigüedad y continuidad de la dinastía se borran los recuerdos y los motivos que la trajeron, pues un cambio deja siempre la piedra angular para la edificación de otro.

Los hombres cambian con gusto de señor creyendo mejorar.

...tienes por enemigos a todos los que has ofendido al ocupar el principado, y no puedes conservar como amigos a los que te han ayudado a conquistarlo, porque no puedes satisfacerlos como ellos esperaban.

...los pueblos... al verse defraudados en las esperanzas... sobre el bien futuro no pueden ...soportar con resignación las imposiciones.

...los territorios rebelados se pierden con más dificultad cuando se conquistan por segunda vez.

... cuando se adquieren Estados en una provincia con idioma, costumbres y organización diferentes, surgen entonces las dificultades y se hace preciso mucha suerte y mucha habilidad para conservarlos.

Cuando... los damnificados son pobres y andan dispersos, jamás pueden significar peligro.

Ha de notarse, pues, que a los hombres hay que conquistarlos o eliminarlos, porque si se vengan de las ofensas leves, de las graves no pueden, así que la ofensa que se haga al hombre debe ser tal , que le resulte imposible vengarse.

La ocupación militar es, pues, desde cualquier punto de vista, tan inútil como útiles son las colonias.

El príncipe que anexe una provincia de costumbres, lengua y organización distintas a las de la suya, debe también convertirse en paladín y defensor de los vecinos menos poderosos, ingeniarse para debilitar a los de mayor poderío y cuidarse de que, bajo ningún pretexto, entre en su Estado un extranjero tan poderoso como él.

El que no gobierne bien... perderá muy pronto lo que hubiere conquistado, y aun cuando lo conserve, tropezará con infinitas dificultades y obstáculos.

...todo príncipe prudente debe... preocuparse de los desórdenes presentes ... también de los futuros y de evitar los primeros a cualquier precio. Porque previniéndolos a tiempo se pueden remediar con facilidad; pero si se espera que progresen, la medicina llega a deshora, pues la enfermedad se ha vuelto incurable.

...en las cosas del Estado: los males que nacen con él, cuando se los descubre a tiempo,... se los cura pronto; pero ya no tienen remedio cuando, por no haberlos advertido, se los deja crecer hasta el punto de que todo el mundo los ve.

... una guerra no se evita, sino que se difiere para provecho ajeno.

...hay que esperarlo todo del tiempo.

... el tiempo puede traer cualquier cosa consigo,...tanto

el bien como el mal, y tanto el mal como el bien.

El ansia de conquista es, sin duda, un sentimiento muy natural y común, y siempre que lo hagan los que pueden, antes serán alabados que censurados; pero cuando intentan hacerlo a toda costa los que no pueden, la censura es lícita.

... para evitar una guerra nunca se debe dejar que un desorden siga su curso, porque no se la evita, sino se la posterga en perjuicio propio.

...el que ayuda a otro a hacerse poderoso causa su propia ruina. Porque es natural que el que se ha vuelto poderoso recele de la misma astucia o de la misma fuerza gracias a las cuales se lo ha ayudado.

...confíe mas en sus propias fuerzas que en las intrigas ajenas.

...nada hay mejor para conservar -si se la quiere conservar- una ciudad acostumbrada a vivir libre que hacerla gobernar por sus mismos ciudadanos.

...el único medio seguro de dominar una ciudad acostumbrada a vivir libre es destruirla. Quien se haga dueño de una ciudad así y no la aplaste, espere a ser aplastado por ella

Los hombres siguen casi siempre el camino abierto por otros y se empeñan en imitar las acciones de los demás.

...todo hombre prudente debe entrar en el camino seguido por los grandes e imitar a los que han sido excelsos, para que, si no los iguala en virtud, por lo menos se les acerque;

...el que menos ha confiado en el azar es siempre el que más tiempo se ha conservado en su conquista

...no hay nada más difícil de emprender, ni más dudoso de hacer triunfar, ni más peligroso de manejar, que el introducir nuevas leyes.

...el innovador se transforma en enemigo de todos los que se beneficiaban con las leyes antiguas, y no se granjea sino la amistad tibia de los que se beneficiarán con las nuevas.

...los hombres... nunca fían en las cosas nuevas hasta que ven sus frutos.

... todos los profetas armados (han) triunfado, y fracasado todos los que no tenían armas.

...los pueblos son tornadizos; y ...si es fácil convencerlos de algo, es difícil mantenerlos fieles a esa convicción.

Los que sólo por la suerte se convierten en príncipes poco esfuerzo necesitan para llegar a serlo, pero no se mantienen sino con muchísimo.

...los Estados que nacen de pronto, como todas las cosas

de la naturaleza que brotan y crecen precozmente, no pueden tener raíces ni sostenes que los defiendan del tiempo adverso.

...el que no coloca los cimientos con anticipación podría colocarlos luego si tiene talento, aun con riesgo de disgustar al arquitecto y de hacer peligrar el edificio.

...los hombres ofenden por miedo o por odio.

...se engaña quien cree que entre personas eminentes los beneficios nuevos hacen olvidar las ofensas antiguas.

... no se puede llamar virtud el matar a los conciudadanos, el traicionar a los amigos y el carecer de fe, de piedad y de religión, con cuyos medios se puede adquirir poder, pero no gloria.

.... Llamaría bien empleadas a las crueldades (si a lo malo se lo puede llamar bueno) cuando se aplican de una sola vez por absoluta necesidad de asegurarse, y cuando no se insiste en ellas, sino, por el contrario, se trata de que las primeras se vuelvan todo lo beneficiosas posible para los súbditos. Mal empleadas son las que, aunque poco graves al principio, con el tiempo antes crecen que se extinguen.

...todo usurpador debe reflexionar sobre los crímenes que le es preciso cometer, y ejecutarlos todos a la vez, para que no tenga que renovarlos día a día y, al no verse en esa necesidad, pueda conquistar a los hombres a fuerza de beneficios.

255

Porque las ofensas deben inferirse de una sola vez para que, durando menos, hieran menos; mientras que los beneficios deben proporcionarse poco a poco, a fin de que se saboreen mejor.

El principado pueden implantarlo tanto el pueblo como los nobles.

Los nobles, cuando comprueban que no pueden resistir al pueblo, concentran toda la autoridad en uno de ellos y lo hacen príncipe, para poder, a su sombra, dar rienda suscitan a sus apetitos.

El pueblo, cuando a su vez comprueba que no puede hacer frente a los grandes, cede su autoridad a uno y lo hace príncipe para que lo defienda.

...el que llega al principado con la ayuda de los nobles se mantiene con más dificultad que el que ha llegado mediante el apoyo del pueblo.

...la finalidad del pueblo es más honesta que la de los grandes, queriendo éstos oprimir, y aquél no ser oprimido.

...un príncipe jamás podrá dominar a un pueblo cuando lo tenga por enemigo; porque son muchos los que lo forman.

Lo peor que un príncipe puede esperar de un pueblo que no lo ame es el ser abandonado por él.

...los nobles, si los tiene por enemigos, no sólo debe temer que lo abandonen, sino que se rebelen contra él; pues, más astutos y clarividentes, siempre están a tiempo para ponerse en salvo.

...es una necesidad para el príncipe vivir siempre con el mismo pueblo, pero no con los mismos nobles.

El que llegue a príncipe mediante el favor del pueblo debe esforzarse en conservar su afecto, cosa fácil, pues el pueblo sólo pide no ser oprimido.

...los hombres se sienten más agradecidos cuando reciben bien de quien sólo esperaban mal

...un príncipe necesita contar con la amistad del pueblo, pues de lo contrario no tiene remedio en la adversidad.

...un príncipe valiente que sabe mandar, que no se acobarda en la adversidad y mantiene con su ánimo y sus medidas el ánimo de todo su pueblo, no sólo no se verá nunca defraudado, sino que se felicitará de haber depositado en él su confianza.

...un príncipe hábil debe hallar una manera por la cual sus ciudadanos siempre y en toda ocasión tengan necesidad del Estado y de él. Y así le serán siempre fieles.

...considero capaces de poder sostenerse por sí mismos a

los que, o por abundancia de hombres o de dinero, pueden levantar un ejército respetable y presentar batalla a quien quiera que se atreva a atacarlos; y considero que tienen siempre necesidad de otros a los que no pueden presentar batalla al enemigo en campo abierto, sino que se ven obligados a refugiarse dentro de sus muros para defenderlos.

...los hombres son enemigos de las empresas demasiado arriesgadas, y no puede reputarse por fácil el asalto a alguien que tiene su ciudad bien fortificada y no es odiado por el pueblo.

Un príncipe, pues, que gobierne una plaza fuerte, y a quien el pueblo no odie, no puede ser atacado; pero si lo fuese, el atacante se vería obligado a retirarse sin gloria.

Está en la naturaleza de los hombres el quedar reconocidos lo mismo por los beneficios que hacen que por los que reciben.

...las disensiones y disputas entre los nobles son originadas por la ambición de los prelados.

...los cimientos indispensables a todos los Estados, nuevos, antiguos o mixtos, son las buenas leyes y las buenas tropas...

...donde hay buenas tropas por fuerza ha de haber buenas leyes.

...el príncipe cuyo gobierno descanse en soldados

mercenarios no estará nunca seguro ni tranquilo, porque están desunidos, porque son ambiciosos, desleales, valientes entre los amigos, pero cobardes cuando se encuentran frente a los enemigos...

...un principado o una república deben tener sus milicias propias.

...el príncipe debe dirigir las milicias en persona y hacer el oficio de capitán; y en las repúblicas, un ciudadano; y si el ciudadano nombrado no es apto, se lo debe cambiar; y si es capaz para el puesto, sujetarlo por medio de leyes.

...es más difícil que un ciudadano someta a una república que está armada con armas propias que una armada con armas extranjeras.

Los... *(mercenarios), o traen lentas, tardías y mezquinas adquisiciones, o súbitas y fabulosas pérdidas.*

...en las tropas mercenarias hay que temer sobre todo las derrotas; en las auxiliares, los triunfos.

...las armas ajenas o se caen de los hombros del príncipe, o le pesan, o le oprimen.

...aquel que en un principado no descubre los males sino una vez nacidos, no es verdaderamente sabio; pero esta es una virtud que tienen pocos.

...sin milicias propias no hay principado seguro.

...el príncipe debe estudiar la Historia, examinar las acciones de los hombres ilustres, ver cómo se han conducido en la guerra, analizar el por qué de sus victorias y derrotas para evitar éstas y tratar de lograr aquéllas.

... la conducta que debe observar un príncipe prudente: no permanecer inactivo nunca en los tiempos de paz, sino, por el contrario, hacer acopio de enseñanzas para valerse de ellas en la adversidad, a fin de que, si la fortuna cambia, lo halle preparado para resistirle.

...hay tanta diferencia entre cómo se vive y cómo se debería vivir, que aquel que deja lo que se hace por lo que debería hacerse marcha a su ruina en vez de beneficiarse, pues un hombre que en todas partes quiera hacer profesión de bueno es inevitable que se pierda entre tantos que no lo son.

...es necesario que todo príncipe que quiera mantenerse aprenda a no ser bueno, y a practicarlo o no de acuerdo con la necesidad.

Entre las cualidades buenas o malas de un príncipe este debe saber "evitar la vergüenza de aquellas que le significarían la pérdida del Estado, y, sí puede, aun de las que no se lo harían perder".

...a veces, lo que parece virtud es causa de ruina, y lo que parece vicio sólo acaba por traer el bienestar y la

seguridad.

...un príncipe debe gastar poco -con tal de que ello le permita defenderse, no robar a los súbditos, no volverse pobre y despreciable, no mostrarse expoliador- en incurrir en el vicio de tacaño; porque éste es uno de los vicios que hacen posible reinar.

O el príncipe gasta lo suyo y lo de los súbditos, o gasta lo ajeno; en el primer caso debe ser medido, en el otro, no debe cuidarse del despilfarro.

...el derrochar lo ajeno, antes concede que quita reputación; sólo el gastar lo de uno perjudica. No hay cosa que se consuma tanto a sí misma como la prodigalidad, pues cuanto más se la practica más se pierde la facultad de practicarla.

...si hay algo que deba evitarse, es el ser despreciado y odioso, y a ambas cosa conduce la prodigalidad.

...es más prudente contentarse con el título de tacaño que implica una vergüenza sin odio, que, por ganar fama de pródigo, incurrir en el de expoliador, que implica una vergüenza con odio.

...todos los príncipes deben desear ser tenidos por clementes y no por crueles. Y, sin embargo, deben cuidarse de emplear mal esta clemencia.

...un príncipe no debe preocuparse porque lo acusen de cruel, siempre y cuando su crueldad tenga por objeto el mantener unidos y fieles a los súbditos; porque con pocos castigos ejemplares será más clemente que aquellos que, por excesiva clemencia, dejan multiplicar los desórdenes, causas de matanzas y saqueos que perjudican a toda una población.

Un príncipe "debe ser cauto en el creer y el obrar, no tener miedo de sí mismo y proceder con moderación, prudencia y humanidad, de modo que una excesiva confianza no lo vuelva imprudente, y una desconfianza exagerada, intolerable".

...si vale más ser amado que temido, o temido que amado. Nada mejor que ser ambas cosas a la vez; pero puesto que es difícil reunirlas y que siempre ha de faltar una, declaro que es más seguro ser temido que amado.

...la generalidad de los hombres se puede decir...que son ingratos, volubles, simuladores, cobardes ante el peligro y ávidos de lucro.

...las amistades que se adquieren con el dinero y no con la altura y nobleza de alma son amistades merecidas, pero de las cuales no se dispone, y llegada la oportunidad no se las puede utilizar.

...los hombres tienen menos cuidado en ofender a uno que se haga amar que a uno que se haga temer; porque

el amor es un vínculo de gratitud que los hombres, perversos por naturaleza, rompen cada vez que pueden beneficiarse; pero el temor es miedo al castigo que no se pierde nunca.

...el príncipe debe hacerse temer de modo que, si no se granjea el amor, evite el odio, pues no es imposible ser a la vez temido y no odiado.

El príncipe "debe... sobre todo abstenerse de los bienes ajenos, porque los hombres olvidan antes la muerte del padre que la pérdida del patrimonio".

...el que empieza a vivir de la rapiña siempre encuentra pretextos para apoderarse de lo ajeno.

...el amar depende de la voluntad de los hombres y el temor de la voluntad del príncipe, un príncipe prudente debe apoyarse en lo suyo y no en lo ajeno, pero, como he dicho, tratando siempre de evitar el odio.

Y los cimientos indispensables a todos los Estados, nuevos, antiguos o mixtos, son las buenas leyes y las buenas tropas

...el príncipe cuyo gobierno descanse en soldados mercenarios no estará nunca seguro ni tranquilo

...cuán digno de alabanza es el príncipe que cumple la palabra dada, que obra con rectitud y no con doblez.

...los príncipes que han hecho menos caso de la fe jurada, envuelto a los demás con su astucia y reído de los que han confiado en su lealtad, (son) los únicos que han realizado grandes empresas.

...hay dos maneras de combatir: una, con las leyes; otra, con la fuerza. La primera es distintiva del hombre; la segunda, de la bestia. Pero como a menudo la primera no basta, es forzoso recurrir a la segunda.

...conviene que el príncipe se transforme en zorro y en león, porque el león no sabe protegerse de las trampas ni el zorro protegerse de los lobos. Hay, pues, que ser zorro para conocer las trampas y león para espantar a los lobos.

...un príncipe prudente no debe observar la fe jurada cuando semejante observancia vaya en contra de sus intereses y cuando hayan desaparecido las razones que le hicieron prometer.

...hay que saber disfrazarse bien y ser hábil en fingir y en disimular.

...aquel que engaña encontrará siempre quien se deje engañar.

No es preciso que un príncipe posea...virtudes..., pero es indispensable que aparente poseerlas.

Un príncipe no debe apartarse... "del bien mientras pueda, pero que, en caso de necesidad, no titubee en entrar en el mal."

...los hombres, en general, juzgan más con los ojos que con las manos, porque todos pueden ver, pero pocos tocar.

Trate, pues, un príncipe de vencer y conservar el Estado, que los medios siempre serán honorables y loados por todos; porque el vulgo se deja engañar por las apariencias y por el éxito; y en el mundo sólo hay vulgo, ya que las minorías no cuentan sino cuando las mayorías no tienen donde apoyarse.

Trate el príncipe de huir de las cosas que lo hagan odioso o despreciable.

...la mayoría de los hombres, mientras no se ven privados de sus bienes y de su honor, viven contentos

Un príncipe debe... "ingeniarse para que en sus actos se reconozca grandeza, valentía, seriedad y fuerza".

Un príncipe... "debe procurar que sus fallos sean irrevocables y empeñarse en adquirir tal autoridad que nadie piense en engañarlo ni envolverlo con intrigas".

...un príncipe debe temer dos cosas: en el interior, que

se le subleven los súbditos; en el exterior, que le ataquen las potencias extranjeras

...siempre tendrá buenas alianzas el que tenga buenas armas.

El príncipe debe..."por todos los medios en tener satisfecho al pueblo".

Los Estados bien organizados y los príncipes sabios siempre han procurado no exasperar a los nobles y, a la vez, tener satisfecho y contento al pueblo.

...los príncipes deben encomendar a los demás las tareas gravosas y reservarse las agradables.

... cuando el príncipe no puede evitar ser odiado por una de las dos partes, debe inclinarse hacia el grupo más numeroso, y cuando esto no es posible, inclinarse hacia el más fuerte.

...que el odio se gana tanto con las buenas acciones como con las perversas,...

... el príncipe que teme más al pueblo que a los extranjeros debe construir fortalezas; pero el que teme más a los extranjeros que al pueblo debe pasarse sin ellas.

...no hay mejor fortaleza que el no ser odiado por el

pueblo, porque si el pueblo aborrece al príncipe, no lo salvarán todas las fortalezas que posea

...elogiaré tanto a quien construya fortalezas como a quien no las construya, pero censuraré a todo el que, confiando en las fortalezas, tenga en poco el ser odiado por el pueblo.

Nada hace tan estimable a un príncipe como las grandes empresas y el ejemplo de raras virtudes.

Y, por encima de todo, el príncipe debe ingeniarse por parecer grande e ilustre en cada uno de sus actos.

...aquel que no es tu amigo te exigirá la neutralidad, y aquel que es amigo tuyo te exigirá que demuestres tus sentimientos con las armas.

Los príncipes irresolutos, para evitar los peligros presentes, siguen la más de las veces el camino de la neutralidad, y las más de las veces fracasan.

...cuando se quiere evitar un inconveniente, se incurre en otro.

No es punto carente de importancia la elección de los ministros, que será buena o mala según la cordura del príncipe. La primera opinión que se tiene del juicio de un príncipe se funda en los hombres que lo rodean.

Pues hay tres clases de cerebros: el primero discierne por sí; el segundo entiende lo que los otros disciernen, y el tercero no discierne ni entiende lo que los otros disciernen. El primero es excelente, el segundo bueno y el tercero inútil.

Cuando se ve que un ministro piensa más en él que en uno y que en todo no busca sino su provecho, estamos en presencia de un ministro que nunca será bueno.

Pues no hay otra manera de evitar la adulación que el hacer comprender a los hombres que no ofenden al decir la verdad;

... un príncipe debe pedir consejo siempre, pero cuando él lo considere conveniente y no cuando lo consideren conveniente los demás

Porque los hombres se ganan mucho mejor con las cosas presentes que con las pasadas,

...es defecto común de los hombres no preocuparse por la tempestad durante la bonanza.

...no debernos dejarnos caer por el simple hecho de creer

que habrá alguien que nos recoja.

Y las únicas defensas buenas, seguras y durables son las que dependen de uno mismo y de sus virtudes.

...muchos creen y han creído que las cosas del mundo están regidas por la fortuna y por Dios.

...acepto por cierto que la fortuna sea juez de la mitad de nuestras acciones, pero que nos deja gobernar la otra mitad, o poco menos.

Así sucede con la fortuna, que se manifiesta con todo su poder allí donde no hay virtud preparada para resistirle y dirige sus ímpetus allí donde sabe que no se han hecho diques ni reparos para contenerla.

...el príncipe que confía ciegamente en la fortuna perece en cuanto ella cambia.

...es feliz el que concilia su manera de obrar con la índole de las circunstancias, y que del mismo modo es desdichado el que no logra armonizar una cosa con la otra.

...los hombres, para llegar al fin que se proponen, esto es, a la gloria y las riquezas, proceden en forma distinta: uno con cautela, el otro con ímpetu; uno por la violencia, el otro por la astucia; uno con paciencia, el otro con su contrario; y todos pueden triunfar por medios tan dispares.

El hombre cauto fracasa cada vez que es preciso ser impetuoso.

...como la fortuna varía y los hombres se obstinan en proceder de un mismo modo, serán felices mientras vayan de acuerdo con la suerte e infelices cuando estén en desacuerdo con ella. Sin embargo, considero que es preferible ser impetuoso y no cauto, porque la fortuna es mujer y se hace preciso, si se la quiere tener sumisa, golpearla y zaherirla.

...y donde hay disposición favorable no puede haber grandes dificultades,

Dios no quiere hacerlo todo para no quitarnos el libre albedrío ni la parte de gloria que nos corresponde.

...no puede haber soldados más fieles, sinceros y mejores que los de uno.

El ministro debe morir más rico de buena fama y de benevolencia que de bienes.

ANEXO III. CRONOLOGÍA DE MAQUIAVELO EN SU ÉPOCA.

1469: El día 3 de mayo nace en la ciudad de Florencia, cuna del Renacimiento, Niccolò di Bernardo dei Machiavelli (Nicolás Maquiavelo). Lorenzo de Médicis apodado *El Magnífico* asume el poder en Florencia.

1474: Trabaja en Florencia el pintor Sandro Botticelli, autor de *el nacimiento de Venus, la primavera y la virgen y el niño con la corona de tres clavos,* entre otros. Nace Francesco Vettori, diplomático y político florentino, cuya amistad y copiosa correspondencia con Maquiavelo se mantiene incluso, en los momentos de la caída en desgracia de este último apartado de la política.

1475: Nace Miguel Ángel Buonarroti, uno de los más afamados genios del Renacimiento, cuya obra monumental abarcó la pintura, la escultura y la arquitectura, dejando joyas de arte imperecederas como: *la piedad* en la Basílica de San Pedro del Vaticano, *el Moisés* del Mausoleo del Pontífice Julio II, *el juicio final* y numerosas obras más, pero sobre todo su monumental *David* y *los frescos* de la bóveda de la Capilla Sixtina.

1478: *Conspiración de los Pazzi*, llevada a cabo por esta familia florentina, con apoyo exterior, para derrocar el gobierno bajo la tutela de los Médicis y en que es asesinado Giulliano de Médicis, hermano de Lorenzo el "Magnífico" y figura carismática y popular en la ciudad Florencia. La rebelión es reprimida con violencia y se conserva un dibujo de Leonardo da Vinci sobre uno de los conjurados rebeldes ahorcado por la furia de la población en el *Palazzo della Signoria*.

1480: Se firma un Tratado de Paz entre Florencia y Nápoles necesario para los florentinos, dada la fortaleza militar de este último Estado relacionado con el Reino de Aragón.

1482: Guerra de Ferrara contra la alianza de la República de Venecia y el Papa Sixto IV (Francesco della Rovere), que concluye con la paz de Bagnolo dos años después. Leonardo Da Vinci: *la adoración de los magos*

1483: Primera edición de *el Decamerón* de Giovanni Boccaccio. Carlos VIII, asciende al trono de Francia. Nace el historiador y político Francisco Guicciardini, amigo de Maquiavelo y quien culminó la obra iniciada por este sobre la Historia de Florencia.

1484: Muere el Papa Sixto IV. El humanista Giovanni Pico della Mirandola (1463-1494) llega a Florencia y se hace amigo de Lorenzo el "Magnífico". Este insigne humanista, enemigo de la iglesia, fue famoso por su epitafio: *Hic situs est Picus Della Mirandola, cœtera norunt/Et Tagus et Ganges, forsan et Antipodes* (Aquí yace Pico della Mirandola: el Tajo, el Ganges, aun las Antípodas saben el resto).

1485. Leonardo da Vinci pinta *la virgen de las rocas.*

1492: Muere Lorenzo el "Magnífico", sin recibir el perdón del fraile dominico Girovano Savonarola. Asume el gobierno de Florencia su hijo Piero. Rodrigo Borgia (Borja) se convierte en el Papa Alejandro VI. Descubrimiento de América por el navegante genovés Cristóbal Colón, con el apoyo de los Reyes católicos: Fernando e Isabel.

1494: Carlos VIII de Francia invade Italia pasando por Florencia en su camino hacia Roma y Nápoles. Piero de Médicis y su familia huyen de la ciudad luego que se descubren las negociaciones de éste con el Rey francés desfavorables y ultrajantes para los florentinos. Se instaura la República con el fraile Savonarola en el poder, quien adopta una nueva Constitución. Con el apoyo francés Pisa adquiere su independencia de Florencia comenzando poco después una prolongada guerra de desgaste entre ambas, que durará más de una década, y en la cual Maquiavelo desarrollará una actividad destacada.

1495: El Papa Alejandro VI prohíbe predicar a Girovano Savonarola comenzando el declive del místico sacerdote. Carlos VIII, que se había hecho con el poder de Nápoles es expulsado de ésta y se ve obligado a comenzar su retirada de Italia. Miguel Ángel realiza *el Ángel,* porta candelabro para la Basílica de Santo Domingo en Bolonia.

1496: Savonarola inicia una vehemente campaña crítica contra los vicios e inmoralidades de la jerarquía eclesiástica, un año después será excomulgado. Miguel Ángel pinta *la batalla de Cascini* para el gobierno de su *Signoría* en Florencia.

1498: El fraile Girovano Savonarola, carente de un ejército, pierde el apoyo popular en Florencia y es procesado, torturado, colgado y quemado en la hoguera. Nicolás Maquiavelo, una figura desconocida hasta entonces, es nombrado Secretario de la Segunda Cancillería florentina. Leonardo da Vinci pinta el original fresco *la última cena* en Milán en el refectorio del convento de Santa Maria delle Grazie

1499: Luis XII, ascendido al poder, luego de la absurda muerte de su hermanastro Carlos VIII por un golpe en la cabeza con el dintel de una puerta, invade Milán y penetra en Italia apoyado por la Serenísima Venecia, que ambicionaba una porción de Lombardía. Maquiavelo realiza su primera misión diplomática al castillo de Forli, bajo el control de la temible Catalina Sforza. César Borgia, duque de Valentinois, comienza su tentativa de conquistar la Romaña, primer paso para constituir un nuevo Estado eclesiástico limítrofe a la región de la Toscana, cuestión que preocupa considerablemente a Florencia. Sandro Botticelli, aunque sin su genio juvenil y liberal, más bien convertido en un artista devoto, pinta la *Natividad* y la *Crucifixión*. Miguel Ángel concluye *la piedad* para el Vaticano

1500: El Secretario de la Cancillería Nicolás Maquiavelo viaja a Francia en su primera misión diplomática ante Luís XII. Allí conoce y negocia con el destacado hombre del Renacimiento Cardenal De Ambroise, con el que establece buenas relaciones. El rey francés, en una maniobra política equivocada y criticada posteriormente con dureza por Maquiavelo, en *el príncipe,* invita y comparte el reino de Nápoles recién conquistado con el Rey católico Fernando de Aragón.

1501: Nicolás Maquiavelo se casa con Marietta Corsini, con la que tendrá seis hijos y un matrimonio estable, pese a los continuos viajes, aventuras y desventuras de éste en los años venideros. Piero Soderini como Confaloniero de la República de Florencia encarga al joven escultor Miguel Ángel Buonarroti la escultura del *David* a partir de un trozo de mármol ante el que se habían rendido otros artistas, que daban su realización por imposible. César Borgia es nombrado Duque de Romaña por su padre, el Papa Alejandro VI; y sus acciones militares causan alarma en Florencia.

1502: Nicolás Maquiavelo es enviado ante César Borgia y lo acompaña varios meses en sus campañas. Leonardo da Vinci también presta servicios como ingeniero militar al hijo del Pontífice. En Florencia, Piero Soderini es nombrado Confaloniero de la República de por vida, a semejanza del estilo veneciano de gobierno. Como era de esperar, España y Francia inician su lucha por Nápoles.

1503: Año aciago para los Borgia. Muere el Papa Alejandro VI en circunstancias algo extrañas. También enferma su hijo César por lo que comienza a derrumbarse el *imperio de los Borgia*. Asume el pontificado por muy breve tiempo, hasta su muerte Pío III, lo sucede el cardenal deLla Rovere, enemigo acérrimo de los Borgia, que toma el nombre de Julio II. Maquiavelo es enviado a Roma para hacer acto de presencia en el Cónclave. Los españoles, enfrentados con los franceses por Nápoles, derrotan a éstos y se hacen con el control del reino. Un análisis muy crítico de la desastrosa campaña de Luis XII y los motivos de esta derrota lo hará Maquiavelo en *el príncipe*. Miguel Ángel realiza *la Madonna de Brujas* relativo a la virgen María y el joven pintor de Urbino Rafael Sanzio *los desposorios de la virgen*.

1504: Maquiavelo integra una delegación a Francia, país que visita por segunda vez, posteriormente comienza su labor para organizar una milicia ciudadana en contraposición a los ejércitos de mercenarios de empleo común en los Estados italianos. Florencia continúa la guerra con Pisa. Tregua entre España y Francia. Muere Isabel la Católica. Fernando de Aragón asume la regencia de los reinos de España. Miguel Ángel Buonarroti concluye la obra escultórica más importante de todos los tiempos *el David,* que con su cuerpo desnudo y musculoso es expuesto frente al edificio de gobierno de la República como desafío al invasor y símbolo de libertad.

1505: Continúa la guerra de Florencia con Pisa y los florentinos son repelidos en las murallas de ésta. Maquiavelo comienza a ocuparse de esta contienda sobre el terreno, en este mismo año viaja a Mantua y Peruggia. Leonardo da Vinci pinta *La Gioconda (la mona lisa)*, el cuadro más famoso y valorado de todos los tiempos.

1506: Julio II, el Papa guerrero, en una asombrosa y afortunada misión militar conquista Bolonia, Romaña y Peruggia. Maquiavelo es enviado ante el pontífice que no tiene buenas intenciones hacia Florencia y exige el apoyo militar de ésta en sus contiendas. Comienza la construcción de la Basílica de San Pedro. Miguel Ángel Buonarroti trabaja para el papa en los frescos de la Capilla Sixtina y en las obras del Vaticano. Rafael también entra al servicio del Pontífice. Bernardo Rucellai en cuyo palacio y jardines se reunían artistas e intelectuales en su mayoría opuestos al gobierno se ve obligado a marchar al exilio.

1507: Las ideas de Maquiavelo sobre las milicias son aceptadas en Florencia y él es nombrado Secretario de los Nueve a cargo de esta tarea. Es enviado a Tirol, en pleno invierno, ante la corte de Maximiliano I de Habsburgo, Emperador del Sacro Imperio Germano. Al frente de la misión está su amigo Francisco Vettori. Muere César Borgia, en una escaramuza sin importancia en territorio

Navarro. Antes había sido preso y despojado de sus responsabilidades y bienes, y enviado a Valencia desde donde había escapado gracias a su ingenio y fuerte carácter. Francia reconquista Génova.

1508: El Papa ejerce su influencia para crear la *Liga de Cambrai* en contra de la *Serenísima* (Venecia) integrada, además de las fuerzas militares papales, por los ejércitos del Sacro Imperio, Francia y España. Maquiavelo se hace cargo de las operaciones contra Pisa intensificando las acciones de desabastecimiento para rendir la ciudad cercada. Miguel Ángel comienza a pintar los frescos del techo la Capilla Sixtina.

1509 Maquiavelo logra la rendición incondicional de Pisa y trata con magnanimidad a los vencidos, aunque la ciudad pierde su independencia y queda bajo el gobierno de Florencia. Es la cúspide de su carrera. Como era de esperar, los venecianos son derrotados por la *Liga de Cambrai*, pero logran una paz decorosa por separado con los contendientes, lo que no gusta al Papa, que esperaba ver vencida y humillada a la Serenísima. Guicciardini realiza estudios sobre la Historia de Florencia.

1510: Tercera misión de Maquiavelo a Francia. El Papa con su intensa participación en acciones militares y sus pactos con las potencias vecinas, desestabiliza la península y hace peligrar la independencia de Florencia, por lo que Maquiavelo acelera la formación de las milicias a las que necesita dotar de caballería.

1511: Guerra entre los ejércitos pontificales y el ducado de Ferrara, con la participación de los franceses. Se realiza la cuarta misión y la más delicada de Maquiavelo ante el Rey Luis XII, en Francia. La situación de la República de Florencia es muy comprometida, mantiene alianzas con los franceses y por otra parte Julio II le exige que colabore con él lo que le hace muy difícil mantener la neutralidad, o definir a que bando sumarse. El Papa en su incansable actitud bélica organiza una nueva Liga (*Santa Liga*), integrada por los alemanes, el rey Fernando de Aragón, Venecia y hasta el rey Enrique VIII de Inglaterra, esta vez en contra Francia. Rafael pinta *el parnaso,* en la estancia de la signatura, en las obras de la biblioteca del Vaticano e inicia uno de sus famosos retratos, el del Papa Julio II que culminará al año siguiente.

1512: Año aciago para Maquiavelo. Costosa victoria francesa en la batalla de Rávenna, donde es herido de muerte su joven Lugarteniente, el Marquez de Foix. Los suizos penetran por la frontera y los franceses se ven obligados a retirarse abandonando sus principales conquistas. Se restituye el gobierno de los Sforza en Milán mediante Maximiliano Sforza, sobrino de Ludovico, "*el Moro*". Maquiavelo realiza una labor ciclópea para acabar de formar el ejército de las milicias florentinas, que aunque logra en magnitud y equipamiento no en preparación y disposición para la lucha. Florencia se convierte en un nido de críticos y conspiradores contra la República y a favor de los

Médicis que marchan sobre la Toscana apoyados por los temibles tercios españoles. Los milicianos son incapaces de hacer frente a los españoles en Pratto, la ciudad es tomada, saqueada, sometida al pillaje y masacrada la mayor parte de la población. Como consecuencia el temor se apodera de los florentinos y cae la República de Soderini que se ve obligado a partir al exilio. Mientras, los Médicis retornan y se hacen cargo del gobierno de la ciudad. Maquiavelo va en caída libre y es apartado de todas sus responsabilidades, de su trabajo y del gobierno. Es visto como persona *non grata* por los vencedores, dada su conocida fidelidad a la República.

1513: Continúan las desgracias para Maquiavelo, es acusado injustamente de participar en una revuelta contra los Médicis, preso y torturado, aunque no de forma intensa. Piensa que sus días están contados y escribe rogatorias a los Médicis. Fallece Julio II. El Cardenal Giovanni de Médicis es nombrado Pontífice bajo el nombre de León X y decreta una amnistía general que favorece a Maquiavelo y este es puesto en libertad, pero bajo estrictas restricciones que limitan su participación activa en la política y su libre movimiento en Florencia y el extranjero. Luís XII apoyado por los venecianos retoma Milán, pero posteriormente los franceses son derrotados por los suizos y se ven obligados a abandonar Italia, luego de firmar un tratado de paz con Fernando de Aragón. Los venecianos son nuevamente derrotados.

1514: Maquiavelo concluye su obra polémica *el príncipe*

iniciada a finales del año anterior. Mientras tanto, el genial político vive en una situación de continua desesperación como comunicara con frecuencia en sus cartas a su amigo Francisco Vettori, que ejerce como embajador de Florencia en Roma. Rafael culmina importantes pinturas en las *estancias* de la Biblioteca del Vaticano: *la misa de Bolsena*, la *liberación de San Pedro* y *el incendio de Borgo*, esta última en la estancia de *Heliodoro* pintada por su taller a partir de un diseño del artista.

1515: Muere Luís XII y asciende al trono de Francia Francisco I, quien reinicia las acciones bélicas en Italia. Año de desesperanza y frustración para Maquiavelo, que presenta su obra *el príncipe* a Lorenzo II de Médicis, a quien la dedica con el ingenuo propósito de lograr el perdón de éstos (aunque no ha cometido falta alguna que merezca sanción), y su reincorporación a la vida política, pero no logra sus propósitos y el libro reposará en un rincón hasta su publicación después de la muerte de la muerte del autor. Crisis personal y familiar para Maquiavelo al no lograr su incorporación a la vida pública, pese a los esfuerzos realizados en los dos últimos años, incluso su asesoramiento indirecto al Papa a través de su correspondencia con Francesco Vettori, en cuestiones políticas relevantes.

1516: fallece Fernando de Aragón y es sucedido por su nieto, Carlos I. Lorenzo II de Médicis se hace con el ducado de Urbino. Ludovico Ariosto publica *Orlando*

Furioso, leído posteriormente por Maquiavelo en su obligado retiro, donde muestra cierta censura al autor por su olvido al político en desgracia, que comunica a su amigo Vettori en una de sus cartas. Tomás Moro publica su famosa obra *Utopía*. Maquiavelo comienza a participar en las reuniones de intelectuales de la familia Rucellai en los *Orti Oricellari*, y a algunos de sus compañeros dedicó posteriormente sus *Discursos de la primera década de Tito Livio*.

1517: Ante la ostentación, derroche y lujuria que envuelve la vida de los patriarcas de la Iglesia, incluyendo al Papa león X, y a la venta indiscriminada de indulgencias, se inicia en Alemania el *movimiento protestante*, cuando el monje Martín Lutero proclama sus 95 tesis que son clavadas en la puerta de la Iglesia del Palacio de Wittenberg. Tratado de Cambrai entre Maximiliano I, Carlos I de España y Francisco I de Francia.

1518 El Papa reacciona ante la corriente protestante y declara hereje a Martín Lucero. Lorenzo II de Médicis se casa con una noble francesa, cercana al rey Francisco I con la que tiene una hija que llevará el nombre de Catalina de Médicis, ésta reinará en Francia a la muerte de su esposo Enrique II y se hará célebre por su lucha contra los protestantes y la fatídica noche de *San Bartolomeu*. Maquiavelo sigue reuniéndose con hombres de letras en los jardines de los Rucellai y al fin logra salir ligeramente de su retiro al viajar a Génova por encargo de unos comerciantes florentinos, dada sus conocidas habilidades diplomáticas y para las negociaciones. Publica su famosa comedia teatral *la Mandrágora* que tiene una excelente acogida en los círculos sociales y literarios florentinos, y se llega a representar en Venecia y Roma en vida del autor.

1519 Muere Maximiliano I de Habsburgo y el rey Carlos I de España es nombrado Emperador como Carlos V del Sacro Imperio. También muere a edad temprana y posiblemente de sífilis, Lorenzo II de Médicis, a quien Maquiavelo había dedicado su obra *el príncipe*, a la cual todo hace indicar que éste no le hizo el menor caso. Giulliano de Médicis, ahora Cardenal, se hace cargo del gobierno de Florencia. Condena a Martín Lutero por la Iglesia. Maquiavelo concluye su obra política más importante*: discursos sobre la primera década de Tito Livio* iniciada en 1513 donde se muestra partidario de la República. Muere en Francia el genial Leonardo Da Vinci, la figura más relevante del Renacimiento. Es enterrado en la capilla de Saint-Hubert, Ambroise, Francia.

1520. Martín Lutero quema la Bula Papal que lo declara hereje. Maquiavelo recibe una encomienda de los mercaderes florentinos para viajar a la ciudad de Luca, en La Toscana. Allí reúne información suficiente para escribir la biografía de un pintoresco Condottiero y posterior Confaloniero de la ciudad y de sus hazañas, habilidad y agilidad de pensamiento, *Clastrucio*

Clastracani, que aunque se trata de una obra menor, la escribió con mucho entusiasmo quizás por notar en él cualidades como las que precisa el Príncipe que debe llevar a cabo la unificación y emancipación de Italia. La obra, como otras, no será publicada en vida del escritor. Maquiavelo también recibe del Cardenal Giulliano de Médicis la encomienda de escribir la Historia de Florencia. Muerte prematura del pintor Rafael Sanzio (37 años), que había estado al servicio del Papa Julio II y del Vaticano

1521: Alianza entre León X y el Emperador Carlos V contra los turcos, herejes, franceses y venecianos. Francisco I le declara la guerra a Carlos V. Excomunión de Martín Lutero. Diciembre: muerte de León X, al parecer por un resfriado tomado por falta de precaución al exponerse al aire frío desde su ventana. Se publica *del arte de la guerra.* Obra escrita por Maquiavelo en la que expone sus ideas militares, muy avanzadas para la época, y la necesidad de que cada Estado cuente con un ejército profesional de milicias, bien armado y entrenado.

1522: Es nombrado Papa Adriano VI de procedencia alemana, que mantuvo un gobierno de austeridad y disciplina religiosa ajena al lujo derrochador de su antecesor León X, lo que causa un efecto contrario, negativo sobre los italianos que no simpatizan con él, (pasarán más de 450 años para que de nuevo se instale un Papa extranjero en el Vaticano). El duque de Urbino recupera Peruggia, que le había sido arrebatada por

Lorenzo II de Médicis. Martín Lutero traslada al alemán el Nuevo Testamento. Muere en el exilio Piero Soderini, ex Confaloniero permanente de la República de Florencia y amigo de Maquiavelo en su época de servicio como Secretario de la Cancillería.

1523: Fallece el Papa Adriano VI y asciende al pontificado Giulliano de Médicis bajo el nombre de Clemente VII. Publicación de *De regnandi peritia*, un plagio de Augustino Nifo en latín basado en e*l príncipe*.

1524: El rey francés Francisco I invade Italia. El disgusto político y la repulsa a los Médicis se incrementa y se llega al extremo de referirse al Papa León VII como el Anticristo, éste nombra gobernador de Florencia al Cardenal de Cortona. Primera rebelión de los campesinos alemanes.

1525: Francisco I es derrotado y capturado por el Ejército Imperial en la batalla de Pavía. Maquiavelo presenta su *Historia de Florencia* a Clemente VII en Roma y es bien aciogida, por lo que recibe encomiendas de éste y enviado a tratar con Guicciardini su proyecto de creación de una milicia en la Romaña, que luego se abandona por las vacilaciones del Papa. Maquiavelo viaja a Venecia en misión mercantil, por cuenta de un grupo de comerciantes florentinos. En Florencia se le declara nuevamente apto para ocupar cargos públicos. Termina su obra teatral en verso Clizia, inspirada en la Casina de Plauto, con buena acogida en los círculos florentinos.

1526: Maquiavelo, otra vez en funciones, visita el campamento de los ejércitos reunidos en la Liga De Cognac integrada por Clemente VII, Venecia, el ducado de Milán y el rey Francisco I contra el ejército español del Emperador Carlos V. Maquiavelo es designado por Clemente VII para reacondicionar las murallas y supervisar las fortificaciones de Florencia, dado el empleo ahora frecuente de la artillería en el sitio de las ciudades. Miguel Ángel colabora con él como ingeniero en estas labores. El ejército español ocupa Milán.

1527: Pese a su edad (58 años) Maquiavelo vuelve a realizar una labor infatigable y se ve inmerso en numerosas encomiendas en la preparación de Italia para la guerra, pese a las dilaciones y vacilaciones del Pontífice. Las tropas imperiales toman Roma y el Papa es obligado a huir y ocultarse en el castillo de San Ángelo. La capital de la iglesia es saqueada y ultrajada por los invasores. Los Médicis son expulsados nuevamente de Florencia y se instaura un nuevo gobierno con tendencia republicana, pero en el que predomina la oligarquía aristocrática. Maquiavelo, a su regreso a Florencia, es de nuevo apartado de sus cargos por su adhesión final a los Médicis. Las dolencias digestivas le aquejan, por lo que excede la prescripción de medicamentos. Muere El 22 de junio en su casa de campo rodeado por su familia. Es enterrado en el panteón familiar de la Basílica de la Santa Croce en Florencia, donde descansa cerca de los restos de Miguel Angel Buonarroti, el Dante Alhiere y Galileo

Galilei, entre otros. Lugar visitado diariamente por numerosas personas de todo el mundo.

BIBLIOGRAFÍA

-Aramayo, R. y Villacañas J. (1999). La Herencia de Maquiavelo. Fondo de Cultura Económica. Madrid, España.

-Arocena, L. (1979). Cartas Privadas de Nicolás Maquiavelo, Buenos Aires, ed. Eudeba.

-Baron, H. (1961). "Machiavelli: The Republican Citizen and the Author of 'The Prince'", *The English Historical Review*, 76, pp. 217-53.

-Bermundo, Á. (1994). Maquiavelo, Consejero de Príncipes. Publicacions Universitat de Barcelona.

-Borón, A. (2000), "Maquiavelo y el infierno de los filósofos" en Fortuna y virtud en la república democrática. Ensayos sobre Maquiavelo. Buenos Aires: Clacso.

-Breiner, P. (2008). "Machiavelli's 'new prince' and the Primordial Moment of Acquisition", *Political Theory*, 36, pp. 66-92.

-Brion, M. (2006). Maquiavelo. Buenos Aires: Byblos.

-Chabod, F. (1984). Escritos sobre Maquiavelo. México

D. F.: Fondo de Cultura Económica.

-Chevalier, J. (1955), Los grandes textos políticos de Maquiavelo a nuestros días. Madrid: Aguilar.

-Chevallier, J. (1968) Los grandes textos políticos. Desde Maquiavelo a nuestros días. Madrid, Aguilar.

-Connell, W. J. (2013). Dating The Prince: Begginings and Endings», *The Review of Politics*, 75 (2013), 497-514.

-Dietz, M. G. (1986). "Trapping the Prince: Machiavelli and the Politics of Deception", *The American Political Science Review*, 80, pp. 777-99.

-Dri, R. (2000), "La religión en la concepción política de Maquiavelo" en Fortuna y virtud en la república democrática. Ensayos sobre Maquiavelo. Buenos Aires: CLACSO.

-Eximeno, A. (2001) El espíritu de Maquiavelo. Biblioteca Saavedra Fajardo Extraído de la edición de 1797, Imprenta Monfort. Barcelona.

-Federico II de prusia. Antimaquiavelo o Refutación del Príncipe de Maquiavelo (1995). Centro de Estudios Constitucionales (Tomado de la traducción de la edición de 1740 por Voltaire).

-Florez, A. (2003) Análisis de El príncipe. Bogotá, Editorial Panamericana.

-Freyer, H. (1979), Niccolo Machiavelli (1938). Múnich, Hanser.

-Galbraith, J. (1991). Breve historia de la euforia financiera. Barcelona. Ariel.

-Gautier-V., L. (1978). Maquiavelo. México: Fondo de Cultura Económica.

-Gilbert, F. (1984). Machiavelli and Guicciardini: Politics and History in Sixteenth
Century Florence. New York & London: W. W. Norton & Company.

-Gracian, B. (1985), El político don Fernando el Católico, Zaragoza, Institución Fernando el Católico/CSIC.

-Gramsci, A. (1980). *Notas* Sobre Maquiavelo, Sobre la Política y Sobre el Estado Moderno. Madrid: Nueva Visión.

-Gramsci, A. Notas sobre Maquiavelo, Sobre política y sobre el estado moderno Lautaro, Buenos Aires1962.

-Gramsci, A. (1984). Notas sobre Maquiavelo, sobre la política y sobre el estado moderno, Buenos Aires, ed. Nueva Visión.

-Hermosa A. (2014). Dos nuevos ensayos sobre el

príncipe de Maquiavelo. Fragmentos de Filosofía, nº 12 (2014), pp. 141-161.

-La política de Maquiavelo, El Príncipe. (1842). Maquiavelo, N. con Notas de napoleón Bonaparte. Imprenta de Thomas Gorch, Barcelona, 1842.

-Lukes, T. (2001). "Lionizing Machiavelli", *American Political Science Review*, 95, pp. 561-75.

-Mansfield, H. (2001). Machiavelli's New Modes and Orders. A Study of the Discourses on Livy. Chicago & London: The University of Chicago Press.

-Maquiavelo N. (1995). El Príncipe. Edit. Luarna.com S.F.

-Maquiavelo, N. Cartas a Francisco Vettori, Florencia, 10 de diciembre de 1513., 13-14 de dicxiembre de 1514 y 20 de diciembre de 1514.

-Maquiavelo, N. (1943) Historias Florentinas Edit. Por Luís Navarro, (Buenos Aires: Poseidón,

-Maquiavelo N. (2010). Breviario de un hombre de Estado y algunas obras inéditas. Colección Clásicos del derecho.

-Maquiavelo, N. (1979). El Príncipe (comentado por Napoleón Bonaparte), Madrid, Austral.

-Maquiavelo, N. (1995). Del Arte de la Guerra, Madrid, ed. Tecnos.

-Maquiavelo, N. (1970). El Príncipe. Ed. Espasa. Madrid.

-Maquiavelo, N. (1987). Discursos sobre la Primera Década de Tito Livio. Ed. Alianza. Madrid.

-Meinecke, F. (1959). La idea de la razón de Estado en la Edad Moderna (trad. Felipe González). Madrid: Instituto de Estudios Políticos.

-Navarro, L. (1892). Obras Clásicas de Maquiavelo. Biblioteca Clásica Tomo CLVI. Madrid.

-Pocock, J. (2002), El momento maquiavélico, Madrid, Tecnos.

-Savinger, P. (1988) "Niccolo Machiavelli: the Prince and the Discourses" en A Guide to the Political Classics, Murray Forsyth (comp.), Oxford University Press.

Schenoni, L. (2007). El concepto de lo político en Nicolás Maquiavelo Andamios. Revista de Investigación Social, vol. 4, núm. 7, diciembre, 2007, pp. 207-226 UNAM.

-Schettino, H. (2001). "Cicerón y Maquiavelo: dos modelos básicos del pensamiento político", I.I.F. -

UNAM. Junio de 2001.

-Skinner, Q. (1985). Los fundamentos del pensamiento político moderno, vol. I El
Renacimiento. México D. F.: Fondo de Cultura Económica.

-Skinner, Q. (1984). Maquiavelo. Madrid: Alianza.

-Strauss L. y Cropsey J. (1963). History of Political Philosophy, Chicago. The University of Chicago Press

Straus, L. (1964). Meditación sobre Maquiavelo, Madrid, Instituto de Estudios Políticos.

Vettori F. Cartas a Nicolás Maquiavelo: Roma, 16 de mayo de 1514 y 3 de diciembre de 1514.

-Villari, P. (1953). Maquiavelo. Su vida y su tiempo. México D. F.: Gandesa.

Í N D I C E